Histoire de la Nouvelle-Calédonie

Histoire de la Nouvelle-Calédonie

Un territoire et un peuple éloignés de la France

Auteurs dont les travaux ont contribué à cette collection :

Gabriel Marcel ; Dr Victor de Rochas ; Paul Merruau ; Edmond Plauchut

Editions Le Mono
Collection « *Les Pages de l'Histoire* »

Connaître le passé peut servir de guide au présent et à l'avenir.

© Editions Le Mono
ISBN : 978-2-36659-355-6
EAN : 9782366593556

Souvenirs de Calédonie
(Chants des captifs)

Ici l'hiver n'a pas de prise,
Ici les bois sont toujours verts;
De l'Océan, la fraîche brise
Souffle sur les mornes déserts,
Et si profond est le silence
Que l'insecte qui se balance
Trouble seul le calme des airs.

                    - Louis Michel

Lorsque la France prend possession de la Grande Terre, que James Cook avait dénommée « Nouvelle-Calédonie », le 24 septembre 1853, elle s'approprie un territoire selon les conditions du droit international alors reconnu par les nations d'Europe et d'Amérique, elle n'établit pas des relations de droit avec la population autochtone.

Les traités passés, au cours de l'année 1854 et les années suivantes, avec les autorités coutumières, ne constituent pas des accords équilibrés mais, de fait, des actes unilatéraux. Or, ce territoire n'était pas vide…

Préambule de l'accord sur la Nouvelle-Calédonie (1998)

Chapitre 1

Histoire générale de l'île [1]

La Nouvelle-Calédonie dont la France a pris possession en 1853, est une île de l'océan Pacifique, située entre le 20°10' et le 22°26' de latitude Sud ; et entre le 161°35' et le 164°35' de longitude Est. Elle est l'une des plus vastes îles de la zone océanienne qu'on distingue sous le nom de Mélanésie. Sa longueur est de 270 kilomètres et sa largeur moyenne de 55. Un récif madréporique l'enveloppe comme une ceinture, et se prolonge au nord et au sud dans une étendue telle que la distance d'une extrémité à l'autre est de 125 lieues marines.

À l'est se trouvent : l'île Nou ou Dubouzet, qui ferme le port de Nouméa, plus bas les trois îles Le Prédour, Hugon, et Ducos dans la baie de Saint-Vincent, l'île Ouen aux carrières de Jade ascien, dont les indigènes faisaient autrefois leurs plus belles haches. Au sud : l'île des Pins, la Kunié des indigènes. A l'ouest : l'archipel des Loyalty, composé des trois grandes îles : Maré, Lifou, et Uvéa, auquel se rattache plus haut le groupe des Belep. Enfin au nord : l'archipel des Neménas.

---

[1] Basé sur les travaux de Gabriel Marcel et Dr Victor de Rochas.

Dans cette île montagneuse les sommets les plus élevés atteignent 1500 mètres, les pentes sont douces et cultivables et les côtes sont découpées en criques d'un accès difficile, mais d'un excellent mouillage.

Les ressources minérales sont d'une richesse prodigieuse. Ce sont : l'or, le grès, la pierre calcaire, les marbres gris, roses, blancs ou verts. Des affleurements considérables de houille ont été découverts dans le voisinage de Nouméa.

Cependant ce n'est pas dans l'exploitation des mines, si nombreuses et si riches qu'elles soient, que le colon trouvera le revenu le plus sûr et le plus rapide. En effet, la nature prodigue de ses dons, a gratifié cette terre vierge d'une fécondité que vient encore développer son climat exceptionnel.

Les cultures les plus variées poussent sans effort ; le riz, le maïs, la pomme de terre, la betterave, la patate douce et tous les légumes d'Europe se sont acclimatés facilement. La culture de la vigne paraît également devoir réussir. Le pêcher, le fraisier, l'ananas, l'oranger, le citronnier, le papayer, le pommier cannelle, le mango, le vanillier, le bananier, le cocotier, les piments sont des produits indigènes ou importés qui donnent des fruits excellents. La canne à sucre, l'igname, le taro, le ricin, le niaouli, et le sandal, donnent des rendements toujours plus considérables, ainsi que le coton, dont la culture tend tous les jours à se propager.

*

Découverte, le 4 septembre 1774, par Cook, qui débarqua à Balade, elle fut ensuite visitée à deux reprises par d'Entrecasteaux. L'île reçut le nom de Nouvelle-Calédonie à cause de l'aspect montagneux de ses terres, qui rappelait au navigateur anglais la configuration de l'Ecosse. C'est par la même opération de l'esprit, qu'un de nos navigateurs modernes eut la pensée de lui imposer le nom de Nouvelle-Corse. Il résista heureusement à la tentation commune à un grand nombre, de marins de baptiser des terres qu'ils n'ont point inventées, et de jeter ainsi la confusion dans la nomenclature géographique.

Des catéchistes protestants avaient déjà vainement essayé de convertir les indigènes, lorsque les missionnaires français y débarquèrent en 1843. Leurs tentatives ne furent pas beaucoup plus heureuses, car ils étaient quatre ans plus tard forcés par un soulèvement général des indigènes de se réfugier à l'île des Pins. En 1851, une embarcation de la corvette l'*Alcmène*, montée par treize matelots et deux enseignes, fut surprise par les indigènes ; nos malheureux compatriotes furent massacrés et leurs restes partagés entre ces cannibales, qui les dévorèrent. Les insultes répétées infligées à notre pavillon, les rapports des commandants de navires de guerre qui s'étaient avancés dans l'intérieur de l'île ou en avaient reconnu les côtes, les discussions à la Chambre sur le choix d'une colonie pénitentiaire, déterminèrent le gouvernement à prendre possession de la Nouvelle-Calédonie, et, le 1er mai 1853, le pavillon français y fut solennellement planté. Depuis cette époque, le gouvernement a eu maintes fois maille à partir avec les indigènes, mais les châtiments répétés qu'il leur a infligés, ainsi que l'importance croissante de ses établissements et l'ouverture de nombreuses voies de communication à travers le pays, leur ont montré l'inanité de la résistance, et la France est devenue le maître incontesté de cette magnifique contrée pour en faire une des colonies les plus prospères.

Le gouvernement français a envoyé à la Nouvelle-Calédonie en 1864, un premier convoi de 250 forçats, bientôt suivi de plusieurs autres, qui débarquèrent leur cargaison humaine au pénitencier de l'île de Nou. Depuis cette époque, le nombre des *ouvriers de la transportation* s'est constamment élevé ; il était, au 31 décembre 1871, de 2735.

Les établissements français se sont alors développés. Nouméa est devenue une *ville*, où l'eau est malheureusement introuvable ; les bourgs de Nakety, de Kanala, de Kouahoua, de Houagap, d'Hienguene, de Poebo, et de Balade se sont créés, les défrichements et les plantations se sont étendus, le commerce et l'industrie ont pris une certaine activité, que vont sans doute développer les conditions nouvelles d'existence faites à la colonie par la loi du 23 mars 1871, qui affectait à la déportation certaines parties de la Calédonie et quelques-unes de ses dépendances.

Chapitre 2

Le territoire et ses habitants[2]

En Nouvelle-Calédonie, comme dans tous les pays intertropicaux, l'année se partage en deux saisons : l'hivernage ou saison des pluies et des chaleurs, et la saison sèche ou fraîche. La première commence dans les premiers jours de janvier, et finit en avril; la deuxième comprend le reste de l'année. Comme on le pense bien, la transition de l'une à l'autre ne se fait pas brusquement, en sorte qu'on pourrait admettre deux saisons intermédiaires ou demi-saisons de courte durée, représentant le printemps et l'automne.

Les mois les plus frais sont ceux de juillet et août. Les mois les plus chauds sont ceux de janvier et février.

La Nouvelle-Calédonie est comprise dans la zone de l'alizé d'E.-S.-E. qui ébranle incessamment son atmosphère.

La rareté des calmes plats n'est pas sans importance. Matin et soir, il y a échange d'atmosphère terrestre et marine, celle de terre s'étant plus refroidie pendant, la nuit et plus échauffée pendant le jour que celle de mer (brises de terre et de mer). De là résulte un double

---

[2] Par Dr Victor de Rochas, médecin et aventurier français.

avantage, à savoir : une ventilation permanente, et l'échange d'un air plus ou moins vicié contre l'air pur et bienfaisant de la mer.

    Cependant tout n'est pas pour le bien : les vallées qui viennent s'ouvrir du côté de la mer sont autant de portes dans lesquelles s'engouffre le vent. Leur direction détermine celle de véritables courants d'air qui marchent tantôt vers l'intérieur des terres, tantôt se précipitent vers la mer.

Comment décrivait-on l'indigène néo-calédonien ?

    Les Néo-Calédoniens ont la peau d'un noir fuligineux, dont la nuance varie depuis l'ocre jaune, légèrement teinté dé noir, jusqu'à la couleur chocolat ; cette dernière est la plus commune. La gradation de l'une à l'autre se fait par des nuances nombreuses, qu'il est plus facile de remarquer que de décrire. Les uns ont les cheveux noirs, épais, laineux et crépus, d'autres les ont de même couleur, mais plus fins, floconneux, longs et susceptibles d'être ramenés en une grosse touffe sur le sommet de la tête ; chez tous la chevelure est forte et épaisse. Leurs lèvres sont ordinairement grosses et plus ou moins renversées, mais ce n'est pas sans exception ; leurs mâchoires sont proéminentes, et les incisives proclives; la bouche est grande, les dents bien alignées et d'une parfaite blancheur.

La taille moyenne des Néo-Calédoniens est au moins aussi élevée que celle des Français. Le tronc et les membres sont bien proportionnés, le thorax est large, bien bâti. Le système musculaire est chez presque tous avantageusement développé et se dessine sous la peau. L'abdomen est proéminent chez plusieurs, mais jamais d'une façon gênante ou disgracieuse. La taille moyenne des femmes est inférieure à celle des hommes, et il existe à cet égard, entre les deux sexes, à peu près le même rapport que chez nous. Elles ont, généralement, les mamelles très-développées et piriformes, double caractère qui comporte cependant d'assez nombreuses exceptions. Les Néo-Calédoniens appartiennent à l'espèce mélanésienne ou nègre-océanienne, distincte de l'espèce australienne.

Le Néo-Calédonien s'habille légèrement quoiqu'avec recherche. Une dame demandait un jour, en France, à un homme d'esprit, quel était le vêtement des indigènes de la Nouvelle-Calédonie. «Madame, répondit-il, avec une paire de gants, vous habilleriez dix hommes, mais pour les femmes c'est autre chose, il leur faut plus d'étoffes.»

Je ne saurais sans faire rougir la pudeur donner une description plus exacte du vêtement masculin.

Ce n'est pas qu'ils n'aient de sérieuses prétentions à cacher leur nudité, mais en réalité, ils ne font que l'orner.

Je renonce de grand cœur à peindre tous les caprices de la mode à cet égard.

Les bras sont parés de bracelets en coquillages et les avant-bras d'un cordon de poil de roussette, supportant une Coquille précieuse qui joue le rôle de brillant.

Des jarretières de même nature, qui sont de pur ornement; se placent au dessous des genoux. La tête est l'objet d'un culte tout particulier, non pas de propreté mais d'ornementation. Tantôt la chevelure, ramenée en touffe au sommet de la tête et enveloppée d'une pièce d'étoffe, forme un édifice qui n'a d'analogue que le casque du carabinier ou le colback du hussard, tantôt la chevelure coupée à la *titus* est ceinte d'une sorte de turban orné "d'une aigrette, ou bien la tête supporte une coiffure cylindrique en feutre noir grossier, qui rappelle le couvre-chef favori des Européens et n'est pas plus ridicule. — Les uns se rougissent les cheveux avec la chaux; d'autres se privent de ce luxe de toilette et de propreté, Quant à la barbe, on la porte entière, en collier ou on la rase. Les indigènes attachent une grande importance à cet attribut de la virilité. Quand deux ennemis se réconcilient, ils se rasent mutuellement la barbe, sombre enseigne de la haine qu'ils ont dans leur cœur et qui est désormais éteinte.

Forster, compagnon de Cook, trouva les Néo-Calédoniens doux, probes, humains et quasi poétiques. D'Entrecasteaux et Labillardière, qui abordèrent dix-huit ans plus tard sur la même plage, nous représentent ces mêmes hommes, comme de cruels anthropophages. Quel changement de tableau et comment l'expliquer ?... « C'est que des guerres intestines ont éclaté depuis le départ du navigateur anglais, peut-être pour s'arracher les richesses laissées par celui-ci, et ces guerres, jointes à leur paresse naturelle, les ont réduits à la famine et par suite au cannibalisme. »

Massacrer des hommes dont il s'est approché en ami, est pour l'indigène néo-calédonien de bonne guerre.

Il faut renoncer à tracer tous les caprices de son caractère et toutes les variations de sa conduite. Serviable et bon aujourd'hui, demain intraitable et cruel ; ce n'est pas toujours par calcul qu'il modifie ainsi ses allures, une disposition passagère et sans raison suffit pour déterminer ces brusques changements. — C'est l'enfant qui ne connaît aucun frein, parce que "le sens moral et l'éducation lui font défaut. Il est fort orgueilleux. Soupçonnant à peine l'existence d'autres pays que le sien, il ne voit rien au-dessus, et considère les étrangers comme des échappés de bicoques perdues dans l'immensité de l'Océan, et que la faim chasse hors de chez eux."

L'insouciance de l'avenir est aussi un des traits principaux des indigènes.

Une des passions les plus vives et les plus tenaces dans l'âme, du Calédonien, c'est celle de la vengeance. Le temps est impuissant à effacer la mémoire du dommage ou de l'injure qu'il a reçue. Il gardera au fond du cœur l'inexorable souci, et toute sa vie il guettera l'occasion de se payer du sang de l'agresseur.

Ce même esprit de vengeance passe des individus à la société, et c'est lui qui entretient la perpétuité des guerres. Telle tribu se met en hostilité avec sa voisine, pour châtrer un attentat ou pour effacer la honte d'une défaite, et si elle triomphe, ce sera au tour de la dernière de se venger. — Un chef a-t-il été tué? ce n'est plus une victime seulement qui peut effacer l'opprobre de sa mort, mais le sang du chef ennemi; et les guet-apens, les combats se renouvelleront jusqu'à ce que le but soit atteint. — Le rapt d'une femme appelle une guerre vengeresse entre deux tribus, comme le viol et l'adultère provoquent un assassinat dans le sein de la communauté.

Les Calédoniens sont braves, ils nous l'ont montré dans la guerre, et si l'on réfléchit qu'ils ont à lutter avec des haches, des javelines et des frondes, contre des carabines qui tuent à un quart de lieue, tous ceux qui ont pu les voir dans leurs luttes contre nous, conviendront qu'ils ont toujours fait preuve de courage et souvent d'audace. — Ils sont du reste passionnés pour la guerre, et leur principal grief contre l'autorité française et contre les missionnaires, c'est de les empêcher de se battre entre eux. « Nous ne sommes plus des hommes, disent-ils, nous ne nous battons plus. »

Insensibles et durs pour les maux des autres, ils ne le sont guère moins pour les leurs. Ils supportent avec une patience stoïque leurs maladies, ils ne changent rien à leurs habitudes, et vaquent à leurs occupations jusqu'à la mort. Rarement les voit-on donner des signes de douleur, et d'impatience dans les opérations chirurgicales longues et douloureuses. Familiarisés dès leur jeunesse avec l'idée de la mort, par les maladies qui les affligent, par la famine et les épidémies qui les moissonnent, par leurs querelles et leurs guerres fréquentes, ils voient arriver le terme fatal sans sourciller. Exempts de ces terreurs qu'inculquent aux mourants nos doctrines religieuses, trop froids dans leurs affections pour regretter vivement leur famille et leurs amis, ils passent de vie à trépas avec le plus grand calme.

Ils sont très méfiants vis-à-vis des étrangers. C'est sans doute par une exagération de ce sentiment qu'ils mettent leurs soins à cacher leurs idées, leurs opinions et plusieurs de leurs usages. C'est sans doute plus par habitude de dissimulation que par condescendance que l'indigène abondera toujours dans le sens de l'étranger, quitte pour ne rien changer à ses idées et à ses actes.

Les Néo-Calédoniens ne sont pas navigateurs comme les indigènes de l'archipel de Tonga et des Samoa ; ils ne tentent pas comme eux des voyages de plusieurs centaines de lieues, mais ils sont loin d'être étrangers à l'art de la mer, quoique ne s'écartant jamais de leurs côtes. Leurs pirogues d'ailleurs ne sont pas susceptibles de braver les hasards d'un long voyage.

Les plus petites ne consistent qu'en un tronc d'arbre creusé et effilé à ses deux extrémités, de quatre à sept mètres de longueur, et muni d'un balancier qui maintient l'équilibre de la fragile nacelle. Ce balancier est formé de deux perches liées par une de leurs extrémités à l'un des bordages, et unies par l'autre extrémité à un flotteur longitudinal. C'est donc une espèce de châssis qui flotte sur l'eau à côté du canot.

Les plus grandes sont doubles, c'est-à-dire que deux nacelles sont accouplées et maintenues, par des traverses à une distance de 50 centimètres à 1 mètre. On se sert pour les construire des plus gros arbres.

On voit qu'il faut de fort beaux arbres pour construire des embarcations de ce genre. Une plate-forme jetée en travers sur les deux coques les lie plus solidement en même temps qu'elle sert de pont. On surmonte quelquefois ce pont d'une sorte de baldaquin où l'équipage peut se mettre à l'abri. Il est des pirogues qui sont pontées d'un bout à l'autre, en sorte qu'elles constituent des caisses insubmersibles, sur lesquelles on peut s'aventurer en pleine mer. Toutes vont à la rame ou à la voile et sont munies d'un ou de deux mâts pourvus d'une voile triangulaire en natte de jonc. Elles acquièrent à la voile la même vitesse que nos petits na-. vires, mais elles louvoient beaucoup plus difficilement.

Naguère les indigènes n'avaient pour la construction de leurs esquifs, que des haches et des herminettes de pierre, et c'est avec ces instruments en apparence si insuffisants, qu'ils abattaient de gros arbres, les taillaient, les creusaient, et sculptaient à la proue quelque poisson fantastique. Mais aujourd'hui ils sont munis de haches de fer.

Pas un clou n'est employé pour l'union des différentes pièces, des coutures y suppléent. Ces ligatures se font en cordes tressées avec la fibre ligneuse de la noix, du cocotier, qui sert aussi pour tous les cordages. La même fibre ou celle du *dolichos tuberosus* sert à la confection d'admirables filets de pêche. L'écorce flexible, et molle du *melaleucca* sert d'étoupe, et la résine du pin colonnaire, d'un *dammara*, d'un gardénia remplace le brai et le gaudron pour le calfatage.

Leurs cabanes, qu'on a justement comparées pour la forme à des ruches d'abeilles, ont une muraille circulaire, haute d'un mètre à un mètre et demi surmontée d'un toit conique dans le sommet repose sur un poteau central. Des pieux plantés en, cercle, et unis par un treillis débranches, avec une tapisserie extérieure d'écorce de *melaleucca* constituent la muraille. Une sorte de longue paille provenant d'une graminée partout répandue dans la campagne, et de grosses branches reliées d'une part au poteau central, de l'autre à ceux de là circonférence, servent à former le toit.

Une ouverture de 60 à 80 centimètres de hauteur sur 40 à 50 centimètres de largeur sert à la fois de porte, de fenêtre et de cheminée.

Un crâne humain couronnant l'extrémité du poteau qui fait saillie au sommet du toit, est un ornement qui remplace avec avantage aux yeux de l'importante propriétaire, les conques marines ou les statuettes grotesques qui tiennent plus communément la même place.

Les cases sont généralement petites, c'est-à-dire qu'elles ont 3 à 4 mètres de diamètre et à peu près la même hauteur, mais il en est qui ont des dimensions triples et quadruples et dont le toit représente un gigantesque pain de sucre haut de plus de dix mètres.

Les demeures des chefs se distinguent par leurs dimensions plus grandes, par des planches grossièrement sculptées et enluminées représentant des figures humaines grimaçantes ou des êtres fantastiques. Ces objets d'art sont placés de champ devant la porte sur une double rangée qui forme avenue, ou servent de piliers dans l'édifice.

Une banderole blanche flottante au sommet du toit, est une enseigne que les chefs seuls ont le droit de déployer. Ceux de plus noble et de plus antique lignée couronnent la hampe de cette espèce de drapeau, d'une effigie d'oiseau, et tel est le respect porté à cet emblème glorieux, et aux droits héréditaires de ceux qui le possèdent, que ceux-là mêmes qui ont assez de force et d'audace pour usurper le pouvoir suprême, n'osent s'approprier cet .ornement distinctif. Aussi le voit-on en possession de monarques détrônés, de roitelets qui ne commandent qu'à une poignée d'e sujets, tandis que des souverains puissants ne l'ont pas. Ceci montre jusqu'à quel point les idées de hiérarchie sociale et aristocratique sont vivaces dans l'esprit des indigènes.

L'ameublement des habitations consiste en quelques nattes ou en feuilles sèches, qui servent à la fois de parquet et de lit, plus, d'un ou deux gros pots de terre pi composent la batterie de cuisine. Quant à la vaisselle, elle pend aux branches des arbres et l'on se passe le luxe d'un nouveau couvert pour chaque repas.

Les indigènes font des étoffes avec l'écorce d'un arbrisseau de la famille des urticées, qu'ils aplatissent, à coups de maillet, en feuilles minces. Cette ébauche imparfaite d'étoffe est percée à jour, parce qu'on ne prend pas la peiné de coller des feuilles l'une contre l'autre, comme le font les

Polynésiens. C'est cette étoffe blanche qu'on offre aux étrangers en signe de bienvenue, comme les indigènes américains présentent le calumet de la paix.

Ils font, avec l'écorce du *ficus prolixa*, une autre étoffe beaucoup plus solide, une sorte de feutre qui sert dans le nord de l'île à confectionner des chapeaux.

Avec du jonc effilé, on fait des nattes dont quelques-unes sont très fines, et des manteaux qui ne sont que des nattes d'une certaine forme, additionnées d'une multitude de filaments, jouant le rôle de fourrure.

Avec le jonc encore, mais plus souvent avec la fibre du bananier, les femmes se font des ceintures composées de longues franges qui, superposées par un grand nombre de tours sur les hanches, arrivent à bien remplir le rôle auquel on les destine, celui de rideau.

Les étoffes et les ceintures de femmes sont teintes en violet noir, au moyen du suc d'une plante herbacée du genre *coleus*. On sait par quel procédé.

Cette teinture ne résisterait pas au lavage, parce qu'elle n'est pas fixée. Mais il en est une autre qui fait plus d'honneur à l'industrie des indigènes, parce qu'elle réunit toutes les conditions de fixité et de durée des produits de nos fabriques. C'est celle avec laquelle ils colorent en rouge-marron leurs cordons de poil de roussette. On sait comment ils s'y prennent. Les cordons auxquels cette teinture est appliquée sont très-habilement tressés avec le poil de roussette et sont fort recherchés pour jarretières de luxe, garnie tûtes d'armes, colliers, etc. C'est un des ornements principaux de la fashion.

Les Néo-Calédoniens sont passionnés pour les couleurs et leur amour du rouge va jusqu'à la faiblesse. La nature les a servis à souhait, en répandant cette teinte à profusion sur leurs montagnes, et en plaçant sous leur main, l'ocre rouge, qui leur sert à composer leur peinture favorite. C'est avec elle qu'ils enluminent les poteaux de leurs cabanes, leurs sculptures et leurs statuettes. La couleur noire, employée avec avantage pour faire ressortir la première et pour se barbouiller la face et la poitrine aux jours de fête et de combat, s'obtient en carbonisant la noix huileuse du cocotier ou de *l'aburites triloba*.

Il est extraordinaire que l'indigène ne songe pas à tirer parti, pour l'éclairage, de l'huile contenue dans les fruits qui viennent d'être cités, non plus que des graines du ricin, non plus que des résines que lui fournissent en abondance bon nombre d'arbres répandus sur son sol. Il n'éclaire ses habitations que par un feu de bois qui les enfume.

Il n'ignore pourtant pas la manière d'extraire l'huile de la noix du cocotier, car il en tire parti pour ses; peintures et, dans certaines localités, il en fabrique une assez grande quantité pour en faire commerce avec les traitants.

Le bois et les pierres sont les éléments de la fabrication des armes, car le traitement métallurgique du minerai de fer dont le pays abonde, est tout-à-fait inconnu des indigènes. Leurs armes sont la sagaie, le casse-tête, la fronde et surtout la hache.

La sagaie est une petite lance en forme de fuseau très allongé et très-aigu aux deux extrémités; elle est faite en bois dur. Le casse-tête est une massue de forme très-variée, longue d'un mètre environ, et faite d'un bois très-dur. Cette arme est ordinairement plus ou moins sculptée. Elle a été presqu'abandonnée pour la hache européenne, qui est devenue une arme terrible entre les mains des indigènes. Ils manient très habilement la fronde, et atteignent des buts fort éloignés, grâce à la forme donnée aux projectiles constitués de pierres dures qu'ils usent par le frottement jusqu'à ce qu'ils .leur aient donné une forme ovoïde aiguë. Deux balles de carabine-Minié, réunies base à base, donnent une idée assez exacte de ces projectiles, tant pour la forme que pour la dimension. La hache de pierre et l'herminette de différentes dimensions, également en pierre, ne sont plus que des objets d'échange avec les amateurs de curiosités. Elles sont fabriquées avec de la serpentine dure, qu'on use contre le grès pour lui donner une surface égaie et ' un bord tranchant. On lui donne le dernier poli et un éclat fort beau avec de la ponce pulvérisée.

C'est la même pierre qui est mise en œuvre pour la confection des grains à collier.

Cette joaillerie calédonienne a cédé le pas aux grains de verre coloré, que distribuent les voyageurs et les traitants.

La serpentine la plus fine servait à confectionner des casse-tête de luxe, aujourd'hui fort rares.

Ce sont des espèces de haches orbiculaires à bord tranchant sur toute la circonférence, portées par un manche de bois long de 40 à 50 centimètres, en sorte que cette armé a la forme et les dimensions d'un ostensoir. Le manche est orné de cordons de poils de roussette qui sont les chaînes d'or calédoniennes.

Un casse-tête de ce genre, bien poli, et d'un bel éclat, est plutôt un meuble de luxe qu'une arme, on ne le trouve qu'entre les mains des grands seigneurs.

Les indigènes font des bracelets, qui se portent non pas au poignet, mais au-dessus du coude, avec des coquilles du genre cône.

Le coquillage est cassé et usé par le frottement jusqu'au niveau de la première spire qui/'seule est employée. On en use la surface de manière à lui donner l'égalité, le poli et la pureté de l'ivoire ou de la nacre. Il est rare de trouver des cônes propres à faire un bracelet d'enfant, et c'est presqu'un hasard d'en rencontrer d'assez volumineux pour faire un bracelet à un adulte. Aussi un meuble de ce genre, d'une blancheur sans tache, bien poli et d'une seule pièce, est-il un-joyau d'une valeur inappréciable.

Les Néo-Calédoniens ne battent pas monnaie, mais en fabriquent nonobstant. Ce sont de petits grains grisâtres enfilés en chapelet, et faits avec la dernière spire d'une très-petite coquille, coupée et perforée par un prodige d'adresse et de patience.

Avec un chapelet long comme le doigt, on achète une pirogue, ou l'on fait construire deux ou trois cabanes de dimensions ordinaires. .

Les indigènes conservent cette monnaie enveloppée dans un morceau d'étoffe, avec un luxe de précaution, comme nous conservons nos bijoux dans un écrin. Ce n'est pas la rareté de la coquille qui lui donne sa valeur, mais le temps et l'adresse qu'a nécessités sa fabrication.

Ils font pour la cuisine une poterie grossière en argile ocreuse ; ce sont des vases sphéroïdaux et à large goulot. Il en est d'assez élégants et vernissés.

Les indigènes ne sont pas indifférents aux beaux-arts, mais il faut avouer qu'ils méritent plus d'éloges pour leur bonne volonté que pour leurs succès.

La sculpture est leur passion, mais les statuettes de bois qu'ils façonnent, les bas-reliefs qu'ils exécutent pour l'ornementation de leurs cabanes, dénotent plus d'originalité que de génie et d'habileté. L'imperfection de l'outillage peut seule excuser la grossièreté de l'exécution.

Le seul instrument de musique de fabrication indigène est la flûte. Elle se fait avec un roseau gros comme le doigt, d'un mètre de long, courbé en arc, et percé d'un trou à chaque extrémité, l'un dans lequel on souffle, l'autre .qui sert à moduler les sons. Les indigènes en jouent avec une égale facilité par la bouche ou par le nez, en se bouchant l'une des narines avec le pouce; mais par l'un ou par l'autre procédé, ils n'arrivent qu'à en tirer des airs monotones.

On retrouve la guimbarde, d'origine européenne, dans toutes les mains féminines qui la manient avec complaisance et habileté.

*

Affligés qu'ils sont d'un assez grand nombre de maladies, les Néo-Calédoniens ont dû songer aux moyens de s'en débarrasser, mais ils ne sont arrivés qu'à un très mince résultat. Ce n'est pas qu'il manque chez eux, comme partout, de gens qui fassent profession de guérir, mais les guérisons ne sont pas en raison directe du nombre des médecins. Leur thérapeutique s'alimente trop souvent de superstition : ainsi, le même brin d'herbe cueilli à certaines phases de la lune, ou sous telle position du soleil dans le ciel, jouit de propriétés très-différentes et passe pour un remède assuré contre des maladies très-diverses. La posologie homéopathique qui a attendu jusqu'au 19e siècle pour germer dans une cervelle allemande est mise en usage par les Calédoniens depuis un temps immémorial. Exemple de formule : « Prenez tel brin d'herbe, faites-le bouillir dans une pleine marmite de bonne eau (*aqua fondis*, diraient nos pharmaciens), mettez une ou deux gouttes de la décoction dans un pot d'eau claire, à boire dans la journée.» A vrai dire les homéopathes Calédoniens, moins avancés que les disciples d'Hahnemann, ne poussent pas jusqu'à la 30e *dilution*, ils se contentent d'une seule.

La diète n'est point épargnée, mais c'est une diète fort originale, car il faut que le médecin (du moins le dit-il) se soumette lui-même à celle qu'il a ordonnée au malade. Cette diète consiste à s'abstenir de certains aliments; ou... des témoignages actifs d'amour conjugal. Il est bien entendu que la vertu delà médication est conditionnelle à la fidélité du médecin dans l'observation personnelle de la diète prescrite.

L'art de guérir est entouré de superstitions et rentre pour cela même dans le domaine des sorciers. Tous les sorciers ne sont pas médecins, mais tous les médecins sont, sorciers... plus ou moins.

Les conjurations, les tours de passe-passe, sont surtout mis en œuvre dans les cas désespérés.

Voici un fait entre mille, qui pourra, donner une idée des artifices usités en pareil cas. Il se passe au lit de mort du grand chef de l'île des Pins, Vandégon. Ledit monarque est à l'extrémité ; les Esculapes ont dit leur dernier mot. Reste une vieille femme, renommée pour son commerce avec les esprits, et pour l'étendue de sa science magique. On la consulte. Elle commence par déclarer, que la nuit est le temps favorable aux évocations, et qu'il faut l'attendre. A nuit close, elle se présente au palais éclairé à giorno par le foyer qui, selon l'usage, brûle au milieu de l'appartement. Après évocations des êtres invisibles, elle déclare qu'il faut arracher du ventre du patient, des corps étrangers qui y ont été introduits par des esprits malins. On ne manque pas de se souvenir alors, qu'à telle ou telle époque de sa vie, le malade s'est exposé à la vengeance de tel ou tel sorcier qui lui a évidemment jeté un sort, et déjà les assistants s'extasient sur la sagacité de la vieille Canidia.

Vidi egome t nigrâ succinctam vadere pallà Canidiam.

Mais cette Canidia n'avait pour robe qu'une petite ceinture serrée autour de ses flancs, et du reste point de poche, ce qui rendait un escamotage plus difficile. N'importe, elle va procéder à l'extraction du corps étranger, sans bistouri, ni couteau.

Eh quoi ! faire sortir une pierre du ventre sans y faire dé trou ? C'est la moindre des choses. Promenant donc la main sur l'abdomen pour trouver l'endroit affecté, et le maléfice qui y a élu domicile, elle expulse tout-à-coup, par une forte pression, deux pierres grosses comme un œuf d'oie que des Européens témoins de l'opération, ramassent immédiatement, examinent avec soin, et reconnaissent pour bonnes et véritables. Ils n'en pouvaient croire leurs yeux, dirent les respectables témoins.

Les courtisans de croire que si le malade n'était pas immédiatement soulagé, il le serait bientôt, et la vieille de s'éliminer modestement, après récompense honnête, pour aller se cacher le plus loin et le mieux possible. Si par hasard le chef finit par guérir, elle sortira triomphalement pour jouir de nouvelles ovations et de nouveaux présents; s'il succombe, elle aura le soin de laisser passer l'effervescence du moment qui lui coûterait la tête, ni plus ni moins. Plus tard elle pourra trouver la vie sauve, moyennant assurance que son procédé était fort bon à coup sûr, mais que l'esprit malin qui en voulait à la vie du chef de douloureuse mémoire, a recommencé son jeu fatal après l'opération.

Cependant, il faut être juste : la médecine des Néo-Calédoniens, n'est pas toujours aussi absurde. J'ai suivi attentivement le traitement d'une dysenterie légère, dont la guérison m'a paru réellement due à l'administration de l'écorce de racine de palétuvier, ce qui n'étonnera pas ceux qui savent que cette écorce est riche en tannin, et qu'elle a été aussi administrée avec succès, dans certains cas, par les médecins français de Cayenne.

La banane verte, que les indigènes emploient dans la même maladie, jouit de propriétés semblables quoique moins actives. Ce fruit contient effectivement avant sa maturité une certaine quantité d'acide tannique. Le malade la mange cuite sous la cendre. Quant à la racine de palétuvier, on la mange grillée, ou bien on en boit la décoction.

La tisane qu'ils font avec les feuilles de schoenanthe, et qu'ils prennent dans toutes espèces de flux intestinaux, est très-convenable. Dans les cas simples elle peut, suffire à amener la guérison.

En résumé, ils traitent assez logiquement les maladies simples, mais les affections graves contre lesquelles ils se sentent tout d'abord impuissants, ou contre lesquelles leurs faibles ressources ont échoué, deviennent le domaine des sorciers.

Un peu plus entendus en chirurgie qu'en médecine, ils savent guérir les luxations et les fractures simples. Ils font usage pour les dernières d'attelles et de bandages comme il convient. Ils retirent les fragments de lance restés dans les plaies, au moyen d'incisions faites avec une valve de coquille, dont on aiguise les bords, un fragment de quartz, un tesson de bouteille, ou avec un couteau quand ils en ont. Ils incisent profondément les tumeurs inguinales dès le début, et recouvrent la plaie de cataplasmes faits avec des feuilles émollientes, comme celles de *l'hibiscus tiliaccus*.

Ils agissent à peu près de même, pour tous les engorgements ganglionnaires tendant à la suppuration.

On use à l'égard des femmes d'un procédé d'obstétrique qui ne serait pas goûté de nos dames ; ce sont des pressions plus ou moins violentes, et quelquefois même de petits coups de poing sur le ventre, pour provoquer l'accouchement qui se montre laborieux. Heureusement qu'il est généralement facile, et qu'on ne se croit point alors obligé de recourir aux moyens de rigueur pour accélérer l'opération de la nature. Les femmes accouchent accroupies et soutenues par des matrones.

L'art de la guerre des néo-calédoniens

Des gens qui ne mettent jamais plus de 500 à 600 hommes en campagne, et ordinairement beaucoup moins, n'ont pas besoin d'un art si consommé. Ils savent cependant concerter et combiner une attaque, se mettre sur la défensive dans certaines positions raisonnées, occuper un point stratégique et le défendre avec ténacité, tourner la position de l'ennemi, faire une fausse attaque pour prendre à revers.

L'astuce est au fond de la tactique militaire comme dans tous les actes, toutes les entreprises des Calédoniens. Aussi procèdent-ils autant que possible par surprise, voire même par trahison.

Cependant la partie ne leur est pas ordinairement aussi facile; il faut se mettre en campagne et payer sérieusement de leur personne. Alors la guerre se prépare de longue main. Le chef de la tribu qui s'y dispose cherche des alliés, il sonde le terrain autour de lui, s'enquiert des dispositions de ses voisins, expédie de tous côtés des émissaires, cherche à réveiller une vieille haine ou à en allumer une nouvelle. C'est là sa diplomatie et il ne la néglige que s'il se propose d'attaquer un ennemi beaucoup plus faible.

Quand il a fait jouer ses batteries couvertes, et qu'elles lui paraissent avoir produit bon effet, il commence à dessiner plus franchement ses allures et envoie aux chefs de tribu qu'il suppose disposés à embrasser sa querelle, une tresse d'herbe dont l'acceptation équivaut à la signature d'un traité d'alliance.

Si la tribu qu'on doit attaquer est médiocrement forte, et qu'il y ait chance d'un butin abondant, les alliés sont faciles à trouver.

Les confédérés se concertent et bientôt la guerre est entreprise au jour désigné par les jongleurs. Il n'est besoin de forcer personne à prendre les armes, car tout sujet en état de manier la lance et le casse-tête n'a garde de faillir au premier point d'honneur de l'homme, et de manquer l'occasion de satisfaire une passion innée chez tous les Calédoniens.

Les guerriers, après s'être barbouillés de noirci, après avoir coiffé la toque rouge ornée d'une aigrette dé plumes blanches, et suspendu au poignet gauche fa banderole flottante, se mettent en campagne armés d'un faisceau de lances, d'une fronde et d'un casse-tête ou d'une hache. Une giberne bien garnie de pierres ovoïdes est passée en sautoir sous le bras gauche. Ceux qui ont des fusils en bon état s'en arment; les munitions sont placées dans un mouchoir et les capsules derrière l'oreille.

S'il y a espoir d'un butin abondant, une troupe de femmes et d'enfants se met à la suite des guerriers pour aider au pillage.

Comme la distance à franchir n'est jamais considérable (10 à 12 lieues au plus), on ne s'inquiète pas de la nourriture, on vit sur le pays parcouru en attendant qu'on se régale aux frais des ennemis et même des amis.

Il s'agit enfin d'attaquer; ordinairement on tâche de surprendre l'ennemi, et pour cela on tombe de grand matin sur un village, dont on 'massacre les habitants fuyant en désarroi leurs cases en flammes, ou bien on attaque les gens occupés aux travaux des champs, puis on court à leur village. Il n'y a de quartier ni pour l'âge ni pour le sexe; les enfants deviendraient des guerriers et les femmes en mettraient d'autres au monde. On brûle les cabanes, on coupe les cocotiers, on ravage les plantations, et l'on se retire chargé de tout ce qui peut être emporté, y compris la chair humaine.

Mais si l'arrivée de la colonne d'invasion a été connue à temps des intéressés et qu'ils se sentent capables d'y résister, ils cherchent à l'arrêter à temps. Pour cela les guerriers vont s'embusquer dans le pli d'un ravin ou dans le lit d'un ruisseau, sur la route que paraît devoir, suivre l'agresseur, et lui tombent dessus au passage en poussant un épouvantable cri de guerre.

Il est rare que deux partis ennemis s'attaquent de front et à force ouverte, parce que la tactique de la guerre réside dans les surprises et dans les embuscades. Mais il arrive, soit .par une circonstance fortuite, soit par l'effet de la confiance de chacun en ses propres forces, que deux partis se défient en plein champ et livrent une sorte de bataille rangée. C'est alors qu'on voit les guerriers des deux camps se défier réciproquement du geste et de la parole, à la façon des héros d'Homère. Chacun choisit son adversaire et le menace en brandissant ses armes. On échange des lances et des pierres, et chaque fois que le projectile a été aperçu à temps, il est presqu'à coup sûr évité par des prodiges de sauts et de courbettes. Longtemps les adversaires avancent et reculent tour-à-tour; mais enfin si le combat est acharné, la mêlée s'engage à coups de hache et de casse-tête. C'est alors que l'affaire devient sanglante malgré la dextérité de chacun dans la parade, la souplesse et l'agilité déployées pour éviter les coups. Un guerrier tombe-t-il mort ou blessé, ses partisans s'empressent de l'entraîner pour qu'il ne reste pas aux mains de l'ennemi. C'est le commencement, de la débandade, et elle devient complète pour la troisième ou quatrième victime qu'un parti est obligé d'enlever et de défendre dans la fuite.

De ce que les combattants lâchent pied pour un si petit nombre de victimes, il ne faudrait pas en conclure à leur lâcheté, parce, que le soin d'arracher les morts et blessés aux mains de l'ennemi, en est la cause principale et tient à un point d'honneur différent du nôtre. On connaît la suite inévitable du combat; pillage, incendie, destruction. Le tout est couronné d'un horrible festin dont les membres palpitants des cadavres ennemis composent la substance. Ce qui n'est pas mangé sur le champ, est partagé entre les vainqueurs qui emportent dans leur famille la quote-part qui leur revient.

Le chef qui s'est fait la part du lion, expédie quelquefois un exécrable présent à des amis incertains, qui n'ont pas voulu se mêler de la guerre. C'est pour se créer de nouveaux auxiliaires contre la vengeance qu'il redoute; car tout individu qui accepte un lambeau de chair, embrasse, par le fait même, la querelle du donateur.

On sait que les ossements servent à composer les hideux trophées qui signalent à tous les yeux la demeure des guerriers.

Ces trophées sont naturellement un opprobre pour la tribu qui a laissé sur le champ de bataille les éléments de leur composition, De là, des efforts ultérieurs pour les arracher et des coups de main d'une audace inouïe de la part d'individus isolés, appartenant à la famille de la victime.

Les chefs ne s'exposent jamais dans les combats, et au lieu de se montrer à la tête de leurs soldats, comme lé font les nôtres, ils se tiennent prudemment au dernier rang. C'est qu'ils estiment leur vie trop précieuse pour l'exposer à la légère, et que leurs fanatiques sujets sont tout à fait de cette opinion ; ou plutôt, c'est que leur point d'honneur n'est pas le même que dans les nations policées. La mort d'un chef est une honte pour ses guerriers, et s'il venait à être pris et mangé, l'opprobre serait au comble. Il s'agit donc par-dessus tout d'éviter les chances d'une pareille flétrissure.

En résumé, les Néo-Calédoniens sont d'une grande bravoure, et malgré l'infériorité de leur armement, car ils n'ont presque pas de fusils en bon état, ils savent nous opposer une résistance courageuse et quelquefois intelligente. Si ces gens-là étaient pourvus d'armes à feu, et surtout de bonnes, ils seraient de redoutables adversaires, car ils apprennent promptement le maniement du fusil, et font d'adroits tireurs.

La littérature et l'art oratoire chez les Néo-calédoniens

Les Néo-Calédoniens ne sont pas dépourvus de bon sens ni d'imagination. Sans doute leur littérature n'est ni riche ni bien variée; les contes de revenants, les récits de combats merveilleux, les histoires de guerriers fameux ou invulnérables en font trop souvent lès frais; à peu près comme chez nous au moyen-âge, les faits et gestes des chevaliers de là table Ronde, des nécromants, des fées, défrayaient les veillées du château et charmaient les naïves croyances de nos pères.

Mais ce qui fait plus d'honneur à la littérature des indigènes, c'est l'apologue et l'allégorie qui lui sont familières; et l'on est étonné de trouver, dans quelques productions de ces indigènes, comme un parfum de la littérature orientale.

Les deux modèles que je vais donner ne méritent la préférence, que parce que, créés à l'occasion des Français, ils sont plus susceptibles par cela même de piquer curiosité du lecteur.

Disons, tout d'abord, que le chef de la tribu de Balade, dépossédé par les Français de son titre et de son autorité, en châtiment de divers méfaits, errait dans les tribus voisines, où une sympathie de race et des intérêts communs lui avaient créé de nombreux partisans. Un de ceux-ci imagina le conte allégorique qu'on va lire.

Il y avait une fois un chef qui tendit ses filets dans un arbre de la forêt pour y prendre des roussettes, car il avait faim de chair. Quand il revint voir si la proie était prise au piège, il y trouva une masse blanche de forme, humaine dont il eut peur, car il vit bien que c'était un génie. «Délivre-moi,» demanda celui-ci d'une voix doucereuse.

— J'ai peur, dit le chef.

— Délivre-moi, je ne te ferai pas de mal et te donnerai au contraire des présents.

Le chef monta dans l'arbre, mais à peine eut-il dégagé le génie blanc, que celui-ci lui sauta à la gorge, se cramponna à son dos et lui cria : ...

— Descends de l'arbre et conduits-moi à ta cabane.

— Oui, mais lâche prise et faisons route côte à côte.

Le génie refusa, et lé chef se rendit à sa case en portant son fardeau. Arrivés à la cabane où la mère attendait son fils : — Que m'amènes-tu ? lui dit cette vieille femme effarée.

— C'est sans doute un génie étranger, je ne sais ni qui il est, ni d'où il vient, ni ce qu'il veut. Je l'ai trouvé pris à mon piège, je l'en ai dégagé et il s'est collé à mon dos comme tu le vois ; en vain ai-je secoué le corps en avant, en arrière, à

droite et à gauche, impossible de m'en débarrasser.

— Trêve de paroles, et qu'on me donne des vivres, cria l'étranger d'une voix tonnante.

Puis il se mit à manger les ignames, les taros, les bananes, le poisson qu'on lui servit, sans permettre qu'on y prît part, et en mangeant il souilla de sa salive la tête du grand chef.

— Laisse-moi maintenant, dit celui-ci à son persécuteur quand il fut repu. Voilà des perles, des bracelets, prends-les et retourne au lieu d'où tu es venu.

Vaine prière, le chef dut garder son fardeau, et à nuit close il alla se coucher, portant toujours sa lourde chargea Cependant le tyran s'endormit et le chef put alors s'en débarrasser. Vite il prit .ses plus belles armes, son plus riche bracelet, sa toque rouge et son aigrette, et il courut, à Bondé demander asile à son allié.

— Frère, est-ce toi que je vois? lui dit celui-ci.

— Oui, c'est moi qui erre sans asile !!.... J'ai tendu un piège aux roussettes et j'y ai trouvé pris un être inconnu, je l'ai délivré et il s'est jeté sur mes épaules. En vain ai-je essayé de m'en débarrasser en secouant mon corps en avant, en arrière et sur les côtés, vains efforts ! Il a dévoré mes vivres, m'a insulté et m'a empêché de manger. Je lui ai offert des richesses pour l'engager à s'éloigner et il a refusé. Enfin j'ai pu *profiter de-son sommeil pour m'en débarrasser et fuir. Je t'en prie cache-moi.*

— *Prends place à mon foyer, lui répond le vaillant chef de Bondé, et ne crains rien. Nous savons manier le casse-tête et éventrer un ennemi, nous attendrons cet étranger de pied ferme.*

A peine ces mots étaient-ils achevés qu'un épouvantable ouragan se déclare, un énorme nuage couvre l'horizon, il a sa tête au sommet des montagnes, et son pied dans la plaine, il avance porté sur l'aile des vents, et bientôt on reconnaît le génie blanc, car c'était lui. Le chef de Bondé prie son hôte de se retirer, et celui-ci se réfugie à Hienguène.

— *Frère est-ce toi que je vois ?* » dit le chef de Hienguène.

— *Oui, c'est moi qui erre sans asile etc..*

« *Mais bientôt l'ouragan se précipite furieux sur Hienguène, et le fugitif se sauve à Pou aï.*

Même accueil, même déception. Il se réfugie à Ouagap ; même événement, à Kanala, même persécution. Enfin il arrive à l'extrémité de l'île, aux confins de la terre, là où il n'y a plus d'autre refuge que la mer. Et déjà il voyait arriver le terrible persécuteur quand il aperçut, sur le rivage deux petits enfants.

— *Qui êtes-vous ? leur dit-il.*

— *Et toi qui es-tu ?*

— Je suis un grand chef. J'ai tendu un piège aux roussettes et j'y ai trouvé pris un être inconnu, je l'ai dégagé, etc. etc.

— Suis-nous, lui répondent les enfants, nous te conduirons dans une belle case au fond de la mer.

Ils percent la vague et le chef les suit, au moment où l'ouragan fondait sur le rivage. Le noble fugitif guidé par les jolis enfants, arrive à une magnifique cabane au fond de la mer, et il y trouve des ignames, des taros, des bananes, des cannes à sucre, de la chair et du poisson, avec six jeunes filles pour le servir. Cependant le génie blanc n'avait pu le poursuivre, car il ne savait nager, mais il monta sur un rocher et appela les oiseaux.

— Toi, dit-il à l'hirondelle, prends ce moiran (signe et ordre de ralliement), porte-le à tous les oiseaux de l'île pour qu'ils viennent ici.

Et bientôt tous les oiseaux arrivent, et le génie ordonna de boire l'eau de la mer. Le canard boit, boit, boit, boit. Il ordonne au héron de boire, et le héron boit, boit, boit, et ainsi de tous les oiseaux.

Et les écueils voisins du rivage se montrent d'abord à découvert, puis, la mer se retirant toujours, la cabane où le chef était réfugié se découvre à son tour, et alors le génie blanc s'y précipite; mais quand il passe la tête à la porte, le plus petit des deux jeunes enfants la lui tranche d'un coup de hache.

Telle est la traduction bien abrégée mais fidèle du conte qui s'est débité dans toutes les tribus du Nord pour exciter la haine du peuple contre les persécuteurs étrangers d'un grand seigneur indigène.

Certes ce conte n'est pas exempt de défauts, mais on y trouve l'allégorie ingénieuse, et peut-être sera-t-on d'avis que les répétitions elles-mêmes ne sont pas mal imaginées pour faire sentir la lourdeur du fardeau auquel le malheureux chef essaie longtemps de se soustraire, la persistance des persécutions, l'ingratitude et la malice du tyran qui trouva enfin la mort de la main de qui ? D'un guerrier? Non, d'un enfant.

Qu'on se représente toute la population d'un village groupée le soir autour d'un vieillard qui débite sentencieusement sa glose en appuyant sur les points capitaux. Un frémissement d'indignation l'interrompt alors, puis l'auditoire se calme pour écouter avec plus d'avidité ce qui va suivre jusqu'à ce que le dénouement vienne porter au cœur de tous, l'ivresse de la joie, l'orgueil du succès et la foi dans l'avenir.

Voici un autre conte qui donnera la mesure du savoir-faire des Calédoniens dans l'apologue.

Sachons d'abord que le principal personnage est un chef ami des Français, qui depuis longtemps a accueilli des missionnaires dont les bons conseils et les enseignements l'ont puissamment servi dans ses entreprises. Ses voisins et rivaux moins heureux que lui, et étonnés de sa prospérité, en conçurent une grande jalousie exaspérée dans ces derniers temps en haine de la coopération franche et loyale qu'il nous prête.

« Il y avait un chef bien chétif et bien pauvre qui, songeant à donner la fête des ignames-à ses voisins, alla dans la forêt couper du bois pour leur préparer des cabanes. Ayant abattu un gros arbre, il se morfondait pour savoir comment il l'amènerait de la montagne à son village. Tout à coup lui apparurent deux fées qui lui dirent :

«—Ne t'inquiète de rien, tes cases seront construites la nuit prochaine et ce seront les plus belles que tu aies jamais vues.

« Ce qu'elles avaient promis fut fait et quand les voisins vinrent à la fête, ils furent stupéfaits à la vue des plus belles cabanes de toutes les tribus environnantes.

«— Ce petit chef nous fait rougir, se dirent-ils, le tuerons-nous?

« Mais il était difficile de le tuer, parce qu'il était sur ses gardes et entouré de son peuple. Ils se dirent alors : — Nous allons lui rendre sa fête et nous conviendrons que chaque chef y apportera ses

richesses pour en faire l'exhibition devant l'assemblée, et nous l'éclipserons car nous en aurons plus que lui, et nous l'humilierons à son tour.

« Ils firent donc l'invitation au jeune chef, sans oublier la condition dont ils étaient convenus.

«—Comment ferai-je pour me montrer aussi grand qu'eux? se disait ce dernier à lui-même; ils ont beaucoup de richesses et j'en ai fort peu. Il se démenait vainement pour- s'en procurer, quand il rencontra de nouveau les deux fées, la veille du jour de la fête, et celles-ci lui dirent : « — Sois tranquille, tu porteras à la fête une richesse qu'ils n'auront pas; suis-nous. « Ils partirent ensemble, marchèrent toute la nuit, et le matin ils se trouvaient bien loin, bien loin, là où le soleil sort de la mer. Les fées s'étaient munies d'une boîte, et au fur et à mesure que le soleil sortait de l'eau, elles le recevaient dans cette boîte, et quand il y fut complètement entré, elles la fermèrent brusquement et le soleil s'y trouva enfermé. Le jeune chef se hâta d'arriver à la fête avec son merveilleux trésor. Il y trouva réuni tant de monde, qu'il n'y avait pas assez de grains de sable pour les compter. Les vivres étaient en si grande abondance que les ventres ne pouvaient venir à bout de les engloutir. Après un grand pilou-pilou (danse de fête), chacun fit l'exhibition de ses richesses comme il était convenu. Le chef de la fête ouvrit son coffre et en tira des indiets à poignée. Il ouvrit son coffre et en tira des

bombots qui pouvaient aller au bras de l'homme le plus fort, il ouvrit son coffre et en tira le plus beau bouanandou qu'on eut jamais vu un autre montra à son tour ses richesses, puis un troisième. Arrive le tour du jeune homme qui n'osait découvrir son trésor. Les assistants se raillent de sa crainte et l'imputent à la honte de son infériorité.

«—Voyons, disent-ils, ces richesses», et ils s'emparent du coffre qui les contenait. Mais tandis qu'ils l'ouvraient et qu'ils tombaient frappés de mort, le petit chef dans la crainte d'être brûlé se jetait dans le ruisseau voisin. Il en sortit frais et rose alors que le soleil était déjà rendu dans le ciel.

« Et considérant ceux qui gisaient à ses pieds, il se dit: — Cette eau m'a préservé, peut-être les rappellerait-elle à la vie. Et il les en arrosa, et ils reprirent leurs sens.

— Ce jeune homme nous a dépassés, dirent-ils, il faut le tuer.

« Ils apostèrent deux enfants armés de haches dans la case où il devait passer la nuit, et quand il entra pour se coucher, les petits lui coupèrent la tête. »

Ce dénoûment provoque toujours les cris de joie de l'auditoire qui, saisissant très bien l'apologue, comprend que les fées protectrices sont les deux missionnaires, dont la présence dans la tribu de *Pouébo* a si puissamment servi le nouveau Clovis, qui n'est ni moins intelligent, ni plus barbare que le chef de notre monarchie. Ce dénoûment donne aussi la mesure de la reconnaissance dont les Calédoniens sont capables.

Terminons par un petit échantillon d'art oratoire, qui donnera à la fois une idée de l'intelligence des Néo-Calédoniens et du bon sens de leurs orateurs. C'est un morceau de choix, car leurs orateurs sont ordinairement plus bavards. Après la soumission forcée du chef de la tribu de Nouméa, sur le territoire duquel a été fondé l'établissement de Port-de-France, un village de la même tribu continuait sourdement ses menées hostiles contre nous. Pour les réprimer, nous prîmes comme auxiliaire et comme guide le chef soumis, et nous marchâmes de concert contre ses propres sujets. Toute la population avait fui à notre approche, sauf deux vieillards et le chef du village. C'était un beau jeune homme d'une vingtaine d'années, qui se présenta noblement avec ses deux compatriotes, n'ayant pour toute arme qu'un bâton de cérémonie, gravé de figures bizarres et orné de rubans.

«C'est toi, dit-il, en adressant immédiatement la parole à son maître, c'est toi, notre chef, qui montres aux étrangers le chemin de notre pays ! C'est toi qui devrais marcher à notre tête contre les usurpateurs de nos champs, qui viens dans leurs rangs armés ravager nos plantations, brûler nos cabanes, tuer les défenseurs du sol que nous ont légué nos pères et ceux qui se sont battus cent fois pour ta cause et à tes côtés ! Nous sommes petits, et les étrangers sont grands; tu nous en amènes un nombre que nous ne pouvons compter; il ne nous reste qu'à nous soumettre. Nous sommes prêts à promettre tout ce qu'on voudra. J'ai fini de parler. »

J'écoutais, sans le comprendre, ce discours d'indigène. La gravité de sa parole, la noblesse de son maintien, l'expression de sa physionomie avaient seuls pu m'intéresser; mais quand ce discours nous fut plus tard traduit par un jeune auxiliaire indigène, il n'excita pas moins d'admiration chez nous que jadis n'en produisit chez les Romains celui du paysan du Danube. Ajoutons que le pauvre, hère auquel s'adressait cette sévère harangue, fut tué un an après par celui-là même qui en était l'auteur, et dont il avait perdu le respect en même temps que la confiance.

Quelle est l'origine des Néo-calédoniens ?

Un ingénieux voyageur, M. de Rienzi, a désigné l'île de Bornéo comme le berceau commun à tous les noirs océaniens. De là ils se seraient répandus de proche en proche dans les lieux où nous les voyons aujourd'hui. Leur mélange avec des races préexistantes ou plus récemment venues aurait créé les variétés qu'on remarque dans les différentes îles de la Mélanésie.

Les noirs n'habitent pas seulement les grandes îles voisines de l'Asie, on peut les suivre de proche en proche jusque sur ce continent, laboratoire universel de tout le genre humain. « On assure qu'il existe dans les montagnes de la Cochinchine et du Laos une nation noire qui paraît avoir des rapports avec les Ygorottes des îles Philippines et avec les autres noirs épars dans la Malaisie.

Ce que l'on peut affirmer, c'est que les Néo-Calédoniens ont de grandes analogies physiques avec les Papous de la Nouvelle-Guinée et des îles de la Sonde, plus qu'avec tout autre peuple de l'ancien et du nouveau continent.

La Nouvelle-Calédonie aurait reçu sa population de diverses sources. Les Papous et d'autres peuplades noires des îles de l'Asie australe ont pu y arriver, tout comme la race jaune polynésienne y a envoyé elle-même des colonies. C'est un fait qu'on ne peut nier puisque nous en avons un exemple contemporain dans l'émigration des Ouvéas. Les Tongiens vont dans leurs grandes pirogues jusqu'aux îles Fidji, et même jusqu'aux Nouvelles-Hébrides, à quelques lieues de la Nouvelle-Calédonie. Rien d'impossible qu'eux et d'autres indigènes navigateurs comme eux y aient été conduits par le hasard ou la tempête à des époques quelconques.

Du mélange de toutes ces races, noires et jaunes, est sortie la variété calédonienne, où l'on reconnaît encore aujourd'hui des échantillons se rapprochant plus ou moins des Endamènes, des Papous, des Polynésiens; absolument comme chez les Français on peut encore distinguer les fils des Celtes, des Romains, des Germains.

Chapitre 3

La Nouvelle-Calédonie et la transportation[3]

I

En 1843, une petite compagnie française de cinq hommes courageux, trois prêtres et deux frères servants, fut conduite à la Nouvelle-Calédonie, où elle débarqua sans armes, presque sans provisions, au milieu de tribus féroces. Ils venaient conquérir le pays par la seule persuasion et le gagner à la foi et à la morale chrétiennes. Beau dévoûment, mais mal placé.

Au moment de l'arrivée des missionnaires, la tentative de convertir les Néo-Calédoniens était singulièrement inopportune. Irrités par un juste châtiment que leur avaient infligé les matelots d'une corvette française, les indigènes cherchaient une occasion de vengeance. Les pionniers de la mission ne furent pas d'abord inquiétés : on se contenta de leur laisser subir toutes les privations, et leur première épreuve fut la perspective de mourir de faim. Les hostilités directes ne se firent point attendre. Les attaques nocturnes, l'incendie, l'assassinat, toujours imminents, souvent exécutés, chassèrent la mission après quelques années. Elle

---

[3] Par Paul Merruau, explorateur français.

revint sur ses pas avec une louable ténacité à l'époque où la France prit possession définitive de l'île ; mais elle ne se releva pas de ce premier échec. Les établissements, les magasins, les églises, échelonnés sur cette côte orientale, ont été successivement détruits ; les conversions sincères sont nulles. Toutefois les missionnaires ont acquis une certaine influence dans quelques tribus, moins par leurs prédications que par leur conduite pacifique. Les indigènes divisent la nation française en deux catégories : les prêtres et les soldats. Les soldats sont leurs ennemis ; les prêtres au contraire se sont posés en défenseurs de la population indigène. Ils ont cela de commun avec elle, qu'ils n'aiment guère l'autorité séculière. Il n'y a jamais eu d'entente complète entre les missionnaires et le gouvernement local dans la poursuite d'un but commun. Les intérêts sont différents comme les principes. Dès l'origine, la mission, tout en acceptant la protection de nos forces, s'est tenue à l'écart, s'efforçant de se réserver une action distincte et d'échapper à l'engrenage de la machine gouvernementale. De leur côté, les premiers administrateurs de la colonie se sont bornés à considérer les missionnaires comme des auxiliaires indépendants, dont les intentions étaient bonnes sans doute, mais dont les efforts étaient mal dirigés. Un peu de dédain d'un côté, un peu d'éloignement de l'autre, ont toujours caractérisé les rapports du gouvernement et de la mission ; ce qu'il y a de mieux à dire de ces rapports, c'est qu'ils ont été empreints d'une tolérance mutuelle jusqu'au jour où des essais d'administration athée et socialiste ont, comme nous le verrons plus loin, aliéné les missionnaires, qui dès lors ont crié à la persécution. Au reste, nulle part les missionnaires ne sont en parfaite harmonie avec l'autorité temporelle. Ils ont leur organisation, leurs chefs, leur gouvernement à eux, ils font un état dans l'état ; ils voudraient être protégés, ils ne veulent pas obéir.

A la Nouvelle-Calédonie, l'histoire de la mission finit réellement avec l'établissement de la souveraineté française, qui dès lors agit dans la plénitude de son droit ; mais quelle incertitude dans l'administration de la nouvelle colonie ! Où sont les plans de colonisation ? où trouverons-nous une direction intelligente, ferme et suivie ? Que d'années se passent en tâtonnements, en essais abandonnés aussitôt que commencés !

On mit d'abord à l'étude la question du commandement de la colonie. Convenait-il mieux d'avoir à la Nouvelle-Calédonie des commandants particuliers, était-il préférable de nommer un gouverneur-général réunissant sous ses ordres les îles de la Société, avec les îles Marquises et la Nouvelle-Calédonie ? Celui qui commanderait la station serait-il ou ne serait-il pas gouverneur ? Aurions-nous un gouverneur à la mer ou bien un gouverneur à terre ? Il semblait vraiment que la colonie fût faite pour les emplois, et non les emplois pour la colonie. Comme il est nécessaire pour l'avancement des marins qu'ils fassent un certain temps de service à la mer, le commandement des stations est le moyen de monter en grade : aussi est-ce trop souvent au point de vue des personnes qu'on décide l'organisation du commandement. La colonisation devient un simple prétexte pour demander des crédits aux commissions de budget.

La Nouvelle-Calédonie a successivement des commandants particuliers pris dans l'infanterie de marine et subordonnés au contre-amiral, commandant à la mer ; tantôt l'amiral, commandant à la mer, est en même temps gouverneur de l'île ; puis tout est changé de nouveau, et l'on finit par nommer un gouverneur de la Nouvelle-Calédonie, qui est détachée de nos autres établissements de l'Océanie. Cet ordre de choses dure plus longtemps que les autres : huit ans, de 1862 à 1870. La colonisation n'en est pas plus avancée ; elle est livrée à l'empirisme.

II

Le premier soin de l'administration devait être de soumettre les indigènes du pays. La lutte était alors à son apogée ; l'île ayant toujours été régie par des militaires, ils n'y avaient fait que la guerre. A l'est, notre occupation, qui se bornait à plusieurs blockus élevés pour la protection de quelques colons, était compromise par des soulèvements incessants. Nos postes placés près de la côte, à l'entrée des plus riches vallées, étaient assiégés jour et nuit. Isolés dans ces réduits, soldats, officiers et marins étaient disséminés par groupes de dix à vingt hommes qui osaient à peine se hasarder hors de la portée de leurs canons ; environnés d'ennemis par milliers et rationnés comme des équipages à la mer, ils n'étaient rien de plus qu'une garde d'honneur au drapeau. Ils n'affirmaient réellement que l'impuissance de la souveraineté française, risibles chasseurs assaillis par le gibier. Il fallait leur donner de l'air et les faire craindre pour rétablir leur dignité.

A l'ouest, nul n'avait encore osé mettre le pied dans la partie indépendante de l'île, où les forêts, les montagnes et les précipices abritaient la plus effroyable sauvagerie. Gondou en était ; le représentant et le chef déterminé. Grand, robuste, haineux et féroce, il exerçait un réel ascendant sur ses sujets, dont le nombre croissait chaque jour par l'adjonction de tous les esprits aventureux. Ces bandes de cannibales considéraient la chair humaine comme la seule digue de nourrir des guerriers ; ils levaient sur les peuplades voisines le tribut de cet affreux aliment. Des populations entières, lasses de payer la dîme sanglante, se faisaient les associées de Gondou pour cesser d'être ses victimes. Ce qu'il voulait braver surtout, c'était l'invasion européenne, à laquelle il opposait la barrière de ses forêts. Ses hécatombes n'étaient pas sacrifiées seulement pour la satisfaction de son estomac et pour le régal de ses sujets ; c'était aussi une insulte à la loi des hommes blancs. Il trouva l'occasion de leur lancer un défi plus audacieux encore. Plusieurs habitants de Nouméa, s'étant embarqués sur un cotre nommé le *Secret*, longèrent l'île au nord-ouest, où les appelaient des intérêts de commerce. Une chaîne de récifs forme ceinture autour de la Nouvelle-Calédonie, et il n'est pas prudent d'y naviguer la nuit : aussi, le soir venu, le cotre fut-il mis à l'abri dans une petite baie. Que s'y passa-t-il ? Il est facile de le deviner. Assaillis à l'improviste, les passagers furent massacrés avec l'équipage, et, lorsqu'on vint de Nouméa au secours du navire, on ne trouva qu'une sanglante épave.

La mesure était comble ; le gouverneur appela toutes les forces disponibles, et il en prit le commandement. On se divisa en trois colonnes pour attaquer l'ennemi à l'est, à l'ouest et au midi. La petite armée franchit pour la première fois les limites redoutées de ces forêts qui n'avaient jamais rendu leurs visiteurs étrangers. Le trajet fut des plus pénibles. Durant près de six heures, la troupe marcha dans un pays sillonné de ruisseaux marécageux, de collines escarpées aboutissant à des ravins, par des sentiers trop étroits pour y poser le pied ; puis il fallut recommencer de nouvelles ascensions, suivies bientôt de nouvelles descentes. Les villages de ces tribus sont tantôt bâtis sur la cime la plus élevée des montagnes, tantôt situés au fond des précipices. Pour arriver à ces derniers, il faut accomplir des prodiges de gymnastique : Se coucher sur le dos et se pousser ainsi les pieds en avant ; pour s'élever aux autres, il faut ramper sur les pieds et les mains. On se demande pour quel motif imaginable des humains ont construit leurs demeures en un site si voisin des nuages. Après avoir traversé la forêt, véritable labyrinthe où chacun, à défaut d'un fil conducteur, tenait son voisin pour ne pas se perdre, où la marche était encore entravée par des excavations que l'on passait les yeux fermés derrière les guides sous une pluie torrentielle, « nous arrivâmes, dit le rapport militaire, à l'entrée d'une vallée. Nous étions muets et harassés. Il était cinq heures du matin. Là s'élevaient de magnifiques bouquets d'arbres que nos guides nous signalèrent d'un air mystérieux et terrifié comme l'emplacement de la tribu ennemie. Nous descendions la vallée en traversant des plantations de cannes à sucre, de bananiers et de cocotiers. C'était en effet dans ce délicieux nid de verdure que se trouvait l'un des villages de nos féroces ennemis. » Selon l'usage, il fut assailli à la baïonnette ; les habitants furent assommés à la sortie de leurs huttes, dont l'ouverture est basse et étroite. Quelques-uns défendirent vaillamment leur vie, d'autres prirent la fuite, et formèrent une bande de véritables démons qui le lendemain, dans un retour offensif, harcela nos troupes victorieuses. Ces dernières les tenaient à distance, mais parvenaient à peine à les troubler par les ravages de leurs carabines. « Un horrible trophée, composé d'ossements provenant du cotre le *Secret*, semblait avoir été placé à dessein pour attirer les regards. Au milieu d'une place, devant l'habitation du chef, une perche longue de plusieurs mètres et plantée en terre portait trois crânes saignants, auxquels adhéraient encore quelques lambeaux de chair. » Le gouverneur fit recueillir ces ossements pour les ensevelir, après quoi il se retira, non sans laisser sur la côte un poste permanent, incapable sans doute de dominer un pays si sauvage, mais suffisant pour l'intimider et pour en tenir l'accès ouvert.

Il restait encore à pacifier les tribus des environs de Nouméa, la ville principale et le siège du gouvernement de la Nouvelle-Calédonie. Cette ville a été fondée dans la partie de l'île la moins fertile, et elle est privée d'eau. On y distille l'eau de mer à grands frais et l'on recueille en avare la pluie qui lave les toits, pour éviter la nécessité d'aller puiser à la plus prochaine rivière, éloignée de plusieurs kilomètres. Un amiral avait choisi cette position parce qu'il l'avait trouvée facile à défendre. Cette raison lui avait suffi, et pour un militaire elle était suffisante. La ville ne fut pas d'ailleurs fondée sans opposition ; à peine en avait-on posé les premières assises que les habitants du pays se soulevèrent. Nous avons sur ces débuts le poignant récit d'un témoin et d'un acteur du drame.

« Jusqu'en 1859, dit ce témoin, la ville de Nouméa fut un véritable camp. Il y fallait exercer jour et nuit une surveillance active. Ce n'était guère qu'un assemblage de quelques baraques où logeaient le personnel militaire et quelques rares colons. Ces bâtiments provisoires étaient resserrés sur un espace étroit, car l'on n'avait pas cessé de craindre les attaques des indigènes qui rôdaient aux environs. L'ennemi, habile à se glisser sous les herbes, s'avançait jusqu'aux limites de notre camp, et malheur à celui d'entre nous qui s'écartait et se laissait surprendre. Un coup de hache ou de casse-tête, asséné par derrière, l'étendait mort sans un cri. S'il n'était emporté et mangé, on trouvait son corps suspendu à un arbre ou la tête plantée au bout d'une pique. Nous pourrions citer un grand nombre de ces victimes : par exemple, le colon Alexis Redet, qui, tombé en plein jour dans une embuscade, fut massacré, et un guetteur qu'on assassinait à midi au sémaphore, c'est-à-dire à 300 mètres du camp. Quelquefois on entendait tout à coup une détonation le soir, alors que nos soldats étaient assis autour des feux du bivouac ; un homme tombait, et il était inutile de chercher le meurtrier, dont la fuite était favorisée par l'obscurité et la végétation, — les indigènes choisissaient surtout la nuit pour leurs attaques. Si par mégarde nos ouvriers oubliaient sur les chantiers des outils ou des instruments, on les retrouvait rarement le lendemain. La témérité des indigènes nous tenait constamment en éveil. Une sentinelle avancée était postée près d'une petite ravine ; toujours le soldat placé dans cette position dangereuse voyait ou entendait ramper sous les bois de fer, et, s'il n'eût pas été prompt à crier aux armes, il aurait été assommé par une main invisible. La souplesse et la hardiesse de nos ennemis étaient telles qu'ils commettaient avec impunité les vols les plus audacieux. Ainsi, devant une case en paille où se trouvait un dépôt de marchandises, une garde d'infanterie avait été placée à quelques mètres ; les indigènes vinrent la nuit, firent un trou dans la hutte où ils pénétrèrent, la plus grande partie de l'approvisionnement fut enlevée. Ce coup de main fut opéré avec tant d'adresse que nos hommes ne le soupçonnèrent même pas. Une autre fois une cinquantaine d'indigènes se ruèrent sur un poste de quatorze hommes à 200 mètres du camp. L'attaque fut si brusque qu'il fallut livrer un combat corps à corps ; nos soldats n'eurent pas trop de tout leur sang-froid et de toute leur énergie pour repousser ces hommes, qui semblaient sortir de terre. »

La lutte n'était plus aussi vive au moment où le nouveau gouverneur résolut d'y mettre un terme. Il y réussit surtout par la diplomatie. Il s'entendit avec le principal chef de tribu des environs. Ce personnage, nommé Titéma, et que les colons, pour la plupart Anglais d'Australie, appelaient Watton, était d'un caractère assez doux et enclin aux idées pacifiques : un honnête homme dans son genre, quoique cannibale, — sceptique, bon vivant, qu'on vit plus tard trinquer volontiers avec le premier venu dans les rues de Nouméa. Il avait d'abord pris part à la guerre contre les Européens ; mais, n'y ayant rien gagné que des coups, il était revenu de meilleurs sentiments ; le don d'un chapeau de général à plumet et d'un frac à grosses épaulettes avait complété sa conversion. Watton connaissait de longue main les avantages du commerce ; il s'était enrichi par des échanges avec les trafiquants américains et anglais qui promènent leurs navires d'île en île. Combattre jusqu'à la mort pour conserver une indépendance sauvage, croupir et mourir dans la misère pour la satisfaction d'un farouche orgueil, lui semblait souverainement ridicule. Qu'importait qu'on partageât le sol avec ses sujets ? N'en auraient-ils pas toujours assez ! Watton, dans sa sphère, fit ce que firent au Mexique les alliés de Cortez contre Montézuma : il livra le pays, et sa défection permit l'accès des derniers refuges de la résistance. Il fut d'ailleurs d'un très mauvais ou, si l'on veut, d'un très bon exemple, car son alliance avec nous le rendit, sinon le plus considéré des chefs, du moins l'un des plus puissants et des plus heureux. Sans parler de son costume de général, il reçut une médaille d'or, et probablement des témoignages plus solides encore de la libéralité française. Il eut d'ailleurs le mérite d'être fidèle à ses engagements. Non-seulement Nouméa obtint une parfaite tranquillité, mais le territoire de Watton devint une barrière contre les voleurs et les évadés de la transportation. Il arrêta consciencieusement les uns et les autres, et, comme à la chasse un chien mal dressé, la seule difficulté était de l'empêcher de manger le gibier.

Victorieux à la guerre, triomphant dans les négociations, maître des tribus de l'ouest et de l'est, — le contre-coup des combats heureux dans l'ouest ayant fait tomber les armes des mains des révoltés de la côte orientale, — le gouverneur, M. Guillain, fit aux troupes une proclamation pathétique où, les invitant à jouir du repos et de la paix, il disait : « Le travail qui crée est humainement préférable à celui qui détruit. » Ce *truisme* humanitaire était en quelque sorte un indice des idées qui allaient présider à l'accomplissement des autres devoirs de l'administration de la Nouvelle-Calédonie. Ces devoirs étaient doubles ; ils comprenaient la colonisation et la transportation.

III

La colonisation, œuvre lente dans toutes les possessions françaises, où l'action du gouvernement se substitue à l'initiative individuelle, est particulièrement difficile à la Nouvelle-Calédonie. L'île est saine, mais de peu d'étendue. Elle est séparée du reste du monde, l'Australie exceptée, par des mers immenses. On y trouve, non pas, comme sur le continent australien, de grands pacages, mais des vallées où la terre est propre surtout à la culture de la canne à sucre, du café, du riz. L'espace est restreint, les deux tiers de l'île étant couverts de montagnes à peu près stériles ou bonnes tout au plus pour l'élève du gros bétail. Plus tard, on pourra sans doute utiliser pour cette industrie les pentes infécondes ; mais le moyen d'y mettre aujourd'hui de grands troupeaux dans le voisinage d'indigènes affamés ? La colonisation des vallées rencontre un obstacle dans les barrières de montagnes où elles sont enfermées. Cette conformation du sol interdit, quant à présent, les communications par terre ; le transport des denrées, du matériel et des voyageurs est limité à la voie de mer.

Après dix-huit années, la Nouvelle-Calédonie est surtout colonisée par des industriels spéculant sur les besoins de la garnison. Un grand nombre de ces « négociants » sont des étrangers, particulièrement des Anglais. La ville de Nouméa se couvre peu à peu de constructions éphémères que les résidents et même les officiers de passage font élever économiquement, car il est moins cher de bâtir une maison que de payer la location d'un appartement dans un hôtel, c'est-à-dire dans une cage où les chambres ont des séparations en planches mal jointes. Ce n'est pas à dire qu'il n'y ait pas un certain nombre de colons sérieux en Nouvelle-Calédonie, de braves et habiles agriculteurs qui joignent à la culture du café et de la canne à sucre l'élève du bétail et des chevaux ; mais ce sont des exceptions. Rappelez les troupes de la Nouvelle-Calédonie, il n'y restera plus rien, car avec elles disparaîtront les petites industries. Envoyez au contraire des troupes en Australie, les colons feront le vide autour d'elles. Telle est la différence entre nous et les Anglais. Ceux-ci sont des agriculteurs, et nous des détaillants ; la terre suffit aux premiers, les consommateurs sont nécessaires aux seconds. Les Anglais colonisent, les Français exploitent : ceux-là se créent une nouvelle patrie ; ceux-ci, hors de France, sont toujours de passage.

Pour combattre cette tendance et propager le goût de la colonisation, l'administration de l'île avait une idée : l'association communiste et phalanstérienne ! Elle avait le champ libre. En Europe, les principes ou, pour parler comme les sectaires, les préjugés de l'ancienne société ne permettent pas toujours l'essai des réformes humanitaires ; mais à la Nouvelle-Calédonie, dans un pays neuf, la tentative était séduisante. Le gouvernement de l'île profita de l'occasion. En 1864, un navire ayant débarqué des ouvriers et d'autres émigrés d'Europe, on leur offrit la concession gratuite de 15 hectares par colon justifiant de son aptitude à exercer un métier. Vingt émigrés de cette classe ayant été réunis, le gouverneur les associa, et leur donna en propriété commune 300 hectares de terre à Yaté, dans une fertile vallée, déserte encore et éloignée des établissements déjà formés par des colons isolés d'après les principes *égoïstes* de l'ancienne société ! Les néophytes de ce phalanstère reçurent en outre, à titre d'avances, du bétail, de la volaille, du grain, des graines, des outils et des instruments aratoires. Pour éviter toutes contestations, on régla tout d'abord la répartition des bénéfices ; on n'y manque jamais surtout dans les associations vouées à une ruine certaine.

La principale objection contre le communisme est que les laborieux travaillent pour les paresseux. On fit en conséquence deux parts des bénéfices espérés : l'une pour la sauvegarde du principe, l'autre par concession à la raison. Pour le principe, une partie du profit devait être distribuée également à chacun des sociétaires ; pour la raison, le reste était réparti en proportion des journées de travail. Malgré cette correction, le principe ne tarda pas à porter ses fruits. L'association communiste n'a pas vécu ; les associés l'ont rompue, et se sont mis à planter leurs choux chacun pour son compte. Le gouverneur avait pourtant essayé de la renforcer au moyen de soldats des compagnies de discipline. Le ministre des colonies ayant autorisé ces militaires à s'établir dans la colonie après six mois de bonne conduite précédant la libération du service, l'administration proposa des concessions de terre à quarante d'entre eux ; mais l'on exigeait l'association phalanstérienne, ils refusèrent et s'en allèrent aux îles Tahiti.

Au fond, l'essai n'aurait pas eu grande importance, s'il n'avait indiqué les tendances de l'administration locale, qui furent d'ailleurs contenues par la résistance au moins passive des bureaux de Paris. S'il est vrai que le chef de l'état voyait sans déplaisir l'expérience lointaine de ces réformes sociales, et que les idées professées par le gouverneur n'avaient pas été sans influence sur sa nomination, il n'est pas moins exact de dire que l'administration centrale n'y était pas sympathique, et réagissait autant que le permettait la crainte de déplaire. Elle ne fut pas étrangère au règlement général de la vente des terres. Ce règlement fait aux acquéreurs des conditions très sagement étudiées et très généreuses. A leur arrivée, on ne les expose pas à de longues formalités ni à des délais où s'épuiseraient leurs ressources. S'ils désirent une concession de terre, on leur donne les renseignements nécessaires pour faire leur choix, et ils s'installent aussitôt que ce choix est fait. Ils ont la faculté d'acheter la terre à prix fixe, sans autre charge que le paiement de l'impôt foncier, ou de la louer avec droit de préemption à des conditions équitables. Le terrain est vendu à raison de 25 francs l'hectare dans toute la colonie, les environs de Nouméa exceptés. C'est seulement lorsqu'un même lot est demandé par plusieurs émigrants que la vente est faite aux enchères et que le prix peut varier. L'impôt foncier est de 25 centimes l'hectare, payable à partir de la cinquième année de possession. La location avec droit de préemption est de 1 franc 50 cent, par hectare et par an : cette combinaison est généralement préférée.

A ces conditions, la colonisation pourrait prendre un certain essor, s'il ne s'y attachait cette fatalité qui pèse sur nos nouvelles colonies et qui les condamne à languir. Au mois d'août 1868, on avait à peu près concédé 30,000 hectares, cultivés par des colons libres au nombre de 1000 à 1500. Il en résultait un mouvement commercial de 2 millions à l'importation en 1867 ; l'exportation était encore insignifiante à cette époque. Évidemment la colonie est tout au plus embryonnaire. Elle offrait pourtant déjà un champ d'expérience pour le principe de l'instruction laïque, gratuite et, qui sait ? peut-être même obligatoire. L'éducation des enfants est le premier article du programme des réformateurs. Dans les îles de l'Océanie, les missionnaires sont les instituteurs ; leur science n'est pas toujours très étendue, mais elle est suffisante. Malheureusement ils enseignent surtout les principes du christianisme ; imbus de telles idées, les enfants deviennent impropres à la rénovation sociale ! Des instituteurs laïques, libres penseurs, voilà ceux qu'il faut choisir pour former ces jeunes âmes ; seulement il est difficile de trouver, pour professer dans une île sauvage, des instituteurs laïques et libres penseurs dont la vie soit aussi frugale, les besoins aussi restreints, les privations aussi gaîment acceptées que dans la société des missions. Au moment précis où le gouverneur de la Nouvelle-Calédonie cherchait dans son esprit les moyens de développer et d'améliorer l'œuvre des missionnaires en les remplaçant par des maîtres laïques, un professeur arrivait dans la colonie, un élève de l'école normale de Nivelles, en Belgique. Ce fut une bonne fortune. Il fut convenu que l'instruction serait donnée en français. On offrit au nouveau maître un traitement de 2000 francs, une maison construite aux frais de l'état, un domestique, une ration complète de vivres. Ce n'était certes pas trop pour un professeur expatrié. Un missionnaire avait d'abord été désigné pour le même emploi ; on le remercia, quoiqu'il eût coûté moins cher.

L'administration voulut signaler par une petite fête la création dans l'île de la première école laïque. L'hôtel du gouvernement fut ouvert aux enfants de cette école ; des jeux, des amusements de toute espèce, une tombola, un goûter, leur étaient offerts. La fête devait se renouveler tous les ans. L'année suivante, le 1er avril 1866, le gouverneur, fidèle à sa parole, admit de nouveau dans sa demeure les jeunes disciples de l'école. Les amusements ne furent pas moins gais, et le buffet n'eut pas moins de succès ; mais le lendemain le journal officiel de la colonie, racontant cette agréable réception, déclara tout net aux élèves qu'ils ne la méritaient pas. Travail nul, études inattentives, dissipation profonde, point de progrès, tel était le bilan de l'école dressé par le gouverneur lui-même. Néanmoins il ne se décourageait pas. Au mois de janvier 1869, il fonda des écoles gratuites de garçons sur le principe de l'indifférence la plus absolue en matière de religion. Les enfants de toute nationalité et de toute couleur y étaient admis sans distinction : les Océaniens idolâtres, les Indiens mahométans, les chrétiens français et anglais étaient appelés à s'asseoir sur les mêmes bancs. Les instituteurs, tous laïques, étaient tenus de « respecter scrupuleusement la religion de chacun des enfants ; » on devait se contenter « de leur donner les principes d'une morale propre à en faire des hommes honnêtes et utiles à leur pays. » Quelle morale ? La morale chrétienne ou celle de Wishnou ? Il ne s'agit pas d'incriminer ici les intentions du gouverneur, qui étaient sans doute excellentes, mais d'en montrer l'inconséquence ; elle éclatait du reste dans le programme même. L'article 16 de l'arrêté était ainsi conçu : « chaque jour, avant la séance du matin et à l'issue de la classe du soir, la prière sera dite par l'un des élèves de l'école. » Quelle prière ? Une statistique de 1866 donnait le tableau suivant de la population de l'île, à l'exception des indigènes ; des soldats et des transportés : hommes et femmes, 1,395, dont 770 Français, 202 Anglais, 50 Allemands et 335 Asiatiques, Africains et Océaniens, au service des concessionnaires adonnés à la culture de la canne et à la fabrication du sucre. Autant de nationalités, autant de religions. Comment donc l'arrêté entendait-il cette prière en commun ?

De tels actes d'administration n'étaient pas faits pour rassurer les consciences ; la mission notamment ne pouvait s'en montrer satisfaite. Le gouverneur évidemment ne l'aimait pas, et ce sentiment suffisait pour lui persuader qu'il n'en était pas aimé. Refoulée dans la partie septentrionale de l'île, non par un exil, mais par une antipathie qu'elle ne pouvait dissimuler, elle s'aigrissait et devenait hostile à l'administration. S'étant d'abord établie dans l'île par ses propres ressources, elle croyait avoir conquis des privilèges qui ne s'accordaient guère avec les principes d'absolue souveraineté que le gouvernement entendait exercer au nom de la France. La rupture éclatait à propos d'un arrêté sur le cantonnement des indigènes. La colonisation prenant quelques développements, le gouverneur voulut réserver des terres pour les nouveaux colons ; il limita le territoire de certaines tribus dans les vallées fertiles, et il fit la part à concéder aux nouveaux arrivants. C'était trancher militairement une question de propriété très délicate. Certains districts adressèrent au gouverneur des réclamations écrites et signées. On accusa les missionnaires d'avoir inspiré ces plaintes. On prétendit qu'ils revendiquaient pour la mission une partie des terres comprises dans la réserve faite au profit de l'état et des futurs colons. Provisoirement l'un des principaux chefs de tribu fut enlevé et déporté à l'île des Pins. Cet acte d'autorité, qui consacrait si singulièrement le droit de pétition à la Nouvelle-Calédonie, entraîna la mort du malheureux ; alors ses sujets se révoltèrent, et des gendarmes furent assassinés en représailles. Le tumulte apaisé et les meurtriers livrés à la justice, leur avocat ne manqua pas d'accuser la mission. Celle-ci se posa en persécutée. C'est en ce désordre des esprits que s'est terminée la période de colonisation comprise entre l'avènement et le départ de celui qui avait gouverné la colonie de 1862 à 1870. Comme novateur et réformateur, ses déceptions n'ont pas été moins grandes dans l'organisation de la transportation. C'est ce qu'il nous reste à dire.

IV

Lisant un jour les réflexions d'un magistrat sur l'administration de la justice, nous avons été frappés des considérations suivantes, dont les termes ou à peu près nous sont restés en mémoire. «Divers systèmes, disait-il, ont été proposés pour l'amélioration des condamnés, cet amendement étant, au dire de quelques personnes, la seule raison et la seule justification de la peine. C'est un principe trop absolu. Si l'on corrige un enfant, ce n'est pas seulement pour qu'il ne retombe pas dans la même faute, c'est encore pour qu'il soit puni de l'avoir commise et qu'il éprouve la juste compensation du plaisir illicite qu'il s'est donné. — Ainsi des hommes ; il y a des principes généraux qu'il n'est pas permis de méconnaître impunément, et dont le caractère sacré, violé dans un intérêt coupable, doit être revendiqué, ne serait-ce que pour l'affirmation et la sauvegarde de ces principes, indépendamment, de toute vengeance et de toute garantie matérielle, pour les personnes et les choses.»

Cette appréciation si juste doit, à notre avis, faire règle à l'égard des transportés. N'ayons pas un excès de sollicitude pour ceux que la loi punit, et ne leur réservons pas une sympathie qui les laisse douter que nous les trouvions coupables. Telle a été l'erreur de l'administration calédonienne. Elle a eu pour les condamnés des attentions délicates ; on eue dit que l'eau de mer leur avait donné un baptême d'innocence. On les a traités en fils malheureux, assujettis à une détention, à des devoirs pénibles. Ces devoirs accomplis, cette détention subie, il semblait que le souvenir du passé, dût être à jamais effacé, que les plus honorables familles pussent frayer sans répugnance et sans défiance avec ces réhabilités. Les transportés ont cru d'abord à une moquerie ; ils se sont dit que l'administration *posait* pour la philanthropie. Lorsqu'ils ont vu qu'elle était de bonne foi et du genre naïf, ils n'ont plus pensé qu'à exploiter sa marotte humanitaire. Les uns ont dupé le gouvernement par une conduite hypocrite, dont l'unique but était d'obtenir des faveurs et une libération plus prochaine ; les autres ont profité de sa mansuétude pour le dévaliser en s'évadant, et un beau jour on s'est vu dans l'obligation d'administrer à ces frères égarés de sévères corrections pour les soumettre à la discipline et les maintenir dans le devoir. Encore une pierre qui tombait de l'échafaudage philosophique ! Il s'écroula dans les circonstances suivantes.

Au mois de mars de l'année 1864, la frégate l'*Iphigénie* débarqua les premiers transportés à la Nouvelle-Calédonie. On les conduisit à l'île Nou. Cette île longue et étroite ferme la baie de Nouméa et fait de ce port un des plus sûrs du monde. Avant le défrichement, elle était boisée ; elle possède encore, bienfait inappréciable, une source d'eau vive et pure, dont les ruisseaux servent non-seulement à la consommation des habitants, mais à l'arrosage de l'île entière. Un Anglais aventureux, M. Paddon, l'occupait avant la colonisation. Cette langue de terre, séparée de la grande île, entourée d'eau et placée sous le canon des hauteurs de Nouméa, était parfaitement propre à l'établissement d'un pénitencier. Il était difficile d'en sortir, la révolte y était impossible ; le sol avait la fertilité des terres vierges, et la salubrité y était parfaite.

On avait choisi cette première compagnie de prisonniers parmi les ouvriers en bâtiment. Ils étaient expédiés en troupe d'avant-garde pour préparer les logements et les ateliers. On aurait pu laisser ces condamnés entrer en possession paisible de leur prison d'outre-mer et l'inaugurer par le travail ; mais c'était perdre l'occasion de faire une démonstration solennelle en faveur de l'idée humanitaire. Le gouverneur avec sa suite se rendit donc au pénitencier, et fit à ces criminels un beau discours où il fit appel à tous les bons sentiments qu'il leur supposait. Les transportés, surpris de cette réception, écoutèrent attentivement les paroles du chef de la colonie, ainsi que le sermon de leur aumônier. Voyant qu'ils avaient affaire à des gens honnêtes, sincères, férus seulement d'idées originales, ils prirent un air de componction approprié à la circonstance. Ils entendirent la messe avec recueillement, ils chantèrent en chœur pendant le déjeuner, ils montrèrent une docilité de fils coupables, mais repentants et heureux de trouver un père indulgent. Le gouverneur conçut les plus flatteuses espérances ; il en fit plus tard l'aveu public. A tout événement, on interdit les communications entre l'île Nou et la grande terre. L'idée eut ainsi toute liberté de se développer, et les préjugés de l'ancienne société furent interceptés. La précaution était d'ailleurs utile contre les velléités d'évasion.

Au mois de mai 1865, l'administration n'eut garde d'omettre sa visite annuelle à l'établissement de l'île Nou. Elle y trouva des sujets de satisfaction. Les condamnés, en petit nombre et surchargés de travail, n'avaient pas troublé l'ordre pendant l'année écoulée, et ils avaient transformé l'aspect de leur prison. Le pénitencier était construit ; les habitations des fonctionnaires et employés, un hôpital, une caserne, le logement des condamnés, la prison, appelée dans un langage euphonique « lieu de répression peu utilisé, » les ateliers de charpentage, de menuiserie, d'ébénisterie, de saboterie, de forges, de sculpture, les magasins, la boulangerie, tout était prêt pour la réception des nouveaux *convicts* dont la prochaine arrivée était annoncée. Les cultures n'avaient pas été négligées. Les honorables visiteurs se promenèrent avec plaisir dans un jardin planté d'arbres à fruits, de légumes, dont douze mille choux. Les transportés avaient en outre ouvert une carrière, construit une route pour les besoins de l'exploitation, posé des conduites d'eau, préparé des terrains pour recevoir des cocotiers, des caféiers et d'autres plantes de culture coloniale. Le gouverneur fut ravi de ces travaux, et, pour récompenser les condamnés, il les honora du nom « d'ouvriers de la transportation. » Il y ajouta sans doute quelque ration extraordinaire de vin et de comestible. La suite prouva que les transportés ne se paient pas de mots, qu'il faut, pour les bien gouverner, des règlements stricts, une surveillance active et une justice sévère.

Dans la première quinzaine du mois de février 1866, la quiétude de l'administration fut troublée tout à coup par l'évasion de deux prisonniers ; ils s'étaient procuré les moyens de passer sur la grande terre, et ils avaient fui dans les bois aux environs de

Nouméa. Des gendarmes européens n'auraient pas pu les y joindre ; il fallut s'adresser aux indigènes. La mission était délicate ; il s'agissait d'arrêter ces hommes, mais non de les tuer, encore moins de les manger. A cet égard, on pouvait être assez tranquille, car l'anthropophagie n'est pas florissante autour de nos établissements, où les indigènes n'osent guère se livrer à leur passion ; cependant l'occasion était bien tentante. A tous risques, on envoya sur les traces des fugitifs quelques sujets du fameux Watton, avec force recommandations accompagnées de promesses et de menaces. Ils partirent en vrais limiers. Les Mohicans de Cooper n'étaient pas plus habiles à suivre des ennemis à la trace : même sagacité, même flair, mêmes déductions logiques ; une empreinte sur la mousse, la branche cassée d'un arbre, l'absence même de traces visibles, tout servait l'instinct de ces indigènes et les conduisait à leur but. La poursuite des évadés fut une fête pour les Néo-Calédoniens. Pénétrés et tout gonflés de l'importance de leur tâche, ils y mirent une ardeur extrême. Des Européens, ignorant l'art de dissimuler leurs pas, n'avaient aucune chance de leur échapper ; ils furent pris à quelque distance. Le récit officiel dit que les Calédoniens, au nombre de huit, ayant aperçu les évadés, s'élancèrent sur eux « haletants d'impatience et semblables à des chiens furieux qui attendent la curée ; » leur retour fut une marche triomphale. Les indigènes, voyant passer les prisonniers, manifestaient leur joie par des rugissements ; ils espéraient sans doute avoir un morceau de ces malheureux.

On usa d'indulgence. Le retour des convicts coïncidait avec une nouvelle faveur qu'octroyait le gouvernement colonial ; il autorisait les transportés à s'engager chez les colons hors de la ville. C'est l'usage en Australie. Ce grand continent offre des pâturages immenses où les colons élèvent des troupeaux réellement innombrables. On divise ce bétail, tant à cause de l'antipathie des races que par l'obligation de réserver à chaque troupeau l'espace nécessaire pour sa nourriture ; ces divisions comprennent des milliers d'animaux, et le gardien est très souvent un convict. Perdu dans de vastes plaines, errant pendant de longues journées, sans rapport avec ses semblables, sans moyen de se livrer à l'ivrognerie, sa passion dominante, le déporté d'Angleterre est mieux muré dans ces solitudes, où il est sûr de mourir de faim s'il déserte l'habitation de son patron, que sous les verrous d'une prison. Cette puissante colonie d'Australie s'est donc développée en grande partie par le concours des déportés ; si plus tard elle a renié et refusé ce concours, c'est surtout parce qu'elle avait la légitime ambition d'élever le niveau moral de la population. Les transportés de la Nouvelle-Calédonie ne sont point en situation de rendre les mêmes services. En 1870, on n'en comptait qu'une quarantaine sur les habitations, et ils s'y conduisaient quelquefois si mal que l'administration, malgré sa bienveillance extrême, s'était vue obligée de prendre avec ces condamnés des précautions particulières. Divers arrêtés avaient été rendus, afin d'obliger les transportés placés chez les colons à se distinguer du reste de la population : ainsi, interdiction de porter la barbe longue, défense de quitter les vêtements du pénitencier pour revêtir des habits de ville, réintégration dans les ateliers de l'île Nou après certaines offenses. En fait, les habitants ont toujours montré de l'éloignement et de la défiance à ces hommes dont la conversion leur semble toujours douteuse. La Nouvelle-Calédonie n'est pas assez vaste pour former le désert autour d'eux, ils ont toujours à leur portée les moyens de s'enivrer et les mille objets dont le vol peut les tenter ; l'influence moralisatrice du spectacle de la nature dans les grandes solitudes n'existe pas pour eux, enfin la colonie n'a guère besoin de leur travail. Le gouverneur de l'île en leur accordant ce commencement d'émancipation travaillait donc dans leur intérêt bien plus que pour la colonie. Quelle fut leur reconnaissance ? — Le jour même où fut donné ce nouveau gage de bienveillance, on apprenait l'évasion des six condamnés. C'en était trop ; les fugitifs ayant été pris comme les précédents, le gouverneur leur fit savoir que « sa longanimité était à bout. » Le personnel du pénitencier fut assemblé, la garnison appelée sous l'es armes ; en sa présence, les évadés reçurent une correction corporelle fort libéralement appliquée. Au bout de deux ans, le système humanitaire de réhabilitation par la douceur était donc à vau-l'eau ; il fallait en revenir à la vieille méthode. Aussi, lorsque le 27 mai suivant l'administration célébra le deuxième anniversaire de l'inauguration du pénitencier, la fête manqua d'entrain ; point de discours, point de jeux, point d'orphéon. On entendit des chants religieux, et seulement à la messe ; on fit quelques libéralités, notamment des achats au bazar, où étaient exposés ces menus objets que les condamnés industrieux confectionnent pour augmenter leur masse. La journée fut mélancolique ; la punition exemplaire tout récemment infligée avait jeté du froid. Désormais la fête du pénitencier devait être exclusivement religieuse ; on avait enfin compris que des réjouissances motivées par la seule arrivée de condamnés n'étaient pas convenables. Jamais l'idée de fêtes pareilles ne serait venue à l'esprit des Anglais, nos voisins et nos prédécesseurs en fait de transportation.

En décembre 1867, le gouverneur prononça de nouveau un discours solennel. La force des choses l'obligeait à commencer par des reproches et de justes menaces : il annonça donc l'emploi des moyens de répression les plus énergiques pour le châtiment des incorrigibles ; mais la suite du discours adoucit beaucoup la sévérité de ce début. L'administration venait les mains pleines de faveurs nouvelles ; elle tuait encore le veau gras pour les enfants prodigues de la transportation. Plusieurs convicts avaient fait preuve de bonne volonté, peut-être simplement d'une adresse hypocrite ; on les mit en liberté conditionnelle sur des terrains où ils furent autorisés à travailler à leur compte, et dont la propriété leur fut promise pour l'époque de leur libération définitive. La superficie de chaque terrain était de 2 hectares ; la concession devait être doublée, si le condamné était marié et si sa femme venait le joindre, — on en triplait l'étendue au profit des ménages qui avaient plusieurs enfants. L'administration aidait ces nouveaux colons par des distributions de vivres, d'instruments aratoires, de semences et autres secours. C'était renouveler un essai malheureusement tenté en Angleterre, l'essai des *tickets of leave* ou « billets de congé, » qui donnaient aux transportés d'une bonne conduite une remise provisoire et conditionnelle d'une partie de leur peine : invention détestable qui dota l'Angleterre de 130000 convicts, malfaiteurs endurcis et audacieux, les « garrotteurs » par exemple.

Le résultat fut-il meilleur à la Nouvelle-Calédonie ? On en peut douter. Les évasions se multiplièrent ; l'administration en publia le relevé au mois de juin de l'année 1867. Il y avait à cette époque un peu moins de 2,000 transportés à la Nouvelle-Calédonie. L'inauguration du pénitencier datait à peine de trois ans, et déjà plus de cinquante évasions avaient déjoué toute surveillance. Un certain nombre de fugitifs avaient péri ; d'autres, exténués de lassitude et de faim, s'étaient rendus volontairement ; plusieurs avaient été poursuivis et repris. Certes ces exemples n'avaient rien de séduisant ; mais la soif de la liberté est si grande chez ces criminels que la perspective des plus terribles dangers et d'un insuccès presque certain n'est pas capable de l'éteindre. La plupart n'ont que de vagues notions de géographie ; les uns se croient sur un continent et ne désespèrent pas d'arriver en Europe, les autres espèrent trouver dans quelque baie isolée un capitaine complaisant qui les embarque sur son navire ; quelques-uns accepteraient pour un temps la vie de Robinson Crusoé. C'était donc folie de combattre cette fièvre ; qui demande le traitement le plus énergique, par des topiques innocents tels que des essais de petite culture en famille. Les convicts acceptent toutes les faveurs qu'on leur fait ; mais leur pensée immuable, le but dont rien ne les détourne, c'est de se retrouver dans les grandes villes, dans les rues où le gaz miroite entre les pavés humides, où les richesses de l'art et de l'industrie sont exposées dans des boutiques meublées comme un salon, où circule la foule pourvue de montres, de bijoux et de porte-monnaie, où résident les receleurs, où l'on trouve ouverts les cabarets interlopes, les cafés borgnes, les petits spectacles, où le produit du vol procure tous les plaisirs de bas étage. Les champs, la culture libre, les enfants, la famille, le salaire, l'épargne, sont pour eux des mots vides de sens. L'idée de profits acquis promptement et sans peine, de tous les appétits et de tous les vices satisfaits, voilà ce qui est leur tourment dans l'exil, le rêve de leurs nuits, La pensée de leurs jours ; voilà ce qui les exalte au point de leur faire braver la prison, les châtiments, la prolongation de la peine, la mort même. Jean Hébrard, convict transporté à Cayenne, avait successivement accumulé sur sa tête deux cent trente-cinq années de travaux forcés. Que lui importaient la rédemption, la réhabilitation et autres amusettes des honnêtes gens ! Ce qu'il lui fallait, c'était la liberté ; il se l'est procurée en s'évadant, on ne l'a jamais repris.

Vers la fin de 1867, l'administration de la Nouvelle-Calédonie obtint la grâce de huit condamnés. Elle avait sans doute compté dans le principe sur cette clémence pour couronner l'édifice de son système ; mais dans l'intervalle tant de déceptions l'avaient accablée qu'elle ne dissimulait plus son découragement. Le gouverneur se rendit au pénitencier ; il y fit un discours mélancolique. Il avait tenu toutes ses promesses, disait-il, il avait multiplié les marques de sa sollicitude. — Engagement chez les colons, comportant salaire et une sorte de liberté provisoire, appel fait aux familles des transportés, groupes nombreux formés à part dans l'île Nou et sollicités au travail libre et régénérateur des champs, jardins particuliers tolérés, gratifications, perspective attrayante d'une liberté conditionnelle basée sur la vie de famille, — toutes les faveurs enfin que l'administration pouvait accorder sans violer la loi avaient été libéralement offertes. Comment les condamnés avaient-ils à leur tour rempli leurs engagements envers le gouverneur ? Il s'agissait non pas seulement de fautes légères, mais de délits graves et même des crimes les plus odieux. Le gouverneur serait-il réduit à désespérer du plus grand nombre ? Il éprouvait parfois cette *désespérance*, car il y avait réellement peu de condamnés qui parussent marcher sérieusement à la rédemption. « Aidez-moi donc, disait-il en manière de péroraison, à vous relever, à vous sauver ; ce sera un sujet de joie pour les véritables amis de l'humanité. »

On donna toute la solennité possible à la libération des graciés. C'était le dernier et honorable effort d'un esprit convaincu, d'un cœur généreux ; la flatterie fit tout ce qu'elle put pour le rendre ridicule. Le lendemain de la cérémonie, un récit fut publié dans le journal de la colonie. On y lisait ce qui suit : « M. le gouverneur ayant fait approcher le premier des huit libérés, un nommé Dotton, l'enveloppa d'un regard profond, et, la main droite posée sur l'épaule du gracié, il lui fit entendre quelques bonnes paroles. Il tendit ensuite la main à Dotton. Celui-ci, touché jusqu'aux larmes de cette faveur inespérée, fit entendre un *merci* étouffé par l'émotion. Cette poignée de main, ajoutait le thuriféraire officiel, restera longtemps dans le cœur de tous les témoins. »

Le système venait de dire son dernier mot. L'ensemble des mesures qu'il avait inspirées était complet ; on n'avait pas été gêné dans l'expérience. Si la machine ne marchait pas, c'est évidemment parce qu'elle était mal conçue et frappée d'un vice radical. Trois mois après la libération des huit graciés, il devint nécessaire d'adopter des mesures d'une sévérité extrême pour protéger la colonie. Le 2 février 1868, une prime fut promise à quiconque ferait la capture d'un condamné fugitif. Il fut convenu qu'un coup de canon annoncerait l'évasion d'un ou de deux convicts, deux coups devaient être tirés pour la fuite de trois hommes, trois coups pour révolte ou incendie. La fuite, la révolte, l'incendie, telle était donc la perspective redoutable de la pastorale exécutée en Nouvelle-Calédonie pour la rédemption et la réhabilitation.

Nous ne poursuivrons pas plus loin ce récit ; l'histoire de la domination française en Nouvelle-Calédonie est tout entière dans les huit années que nous avons résumées. C'est pendant cet espace de temps seulement que l'administration a été dirigée par une idée L'idée était fausse, on en a vu les résultats, mais au moins elle existait. Le gouverneur avait un plan et savait ce qu'il voulait faire. Hors de là, nous cherchons vainement un système arrêté ; on a marché au jour le jour. Il est temps de savoir ce qu'on veut faire, puisqu'il s'agit de continuer la transportation. Si la transportation a échoué à la Guyane, l'influence climatérique a été pour beaucoup dans cet insuccès. A la Nouvelle-Calédonie, la tentative est malheureusement languissante ; mais ici la faute est uniquement à l'insuffisance du gouvernement ou à la fausse direction de ses idées. Ce qui s'est passé nous indique l'un des écueils qu'il faut éviter : c'est celui de méconnaître le caractère commun des condamnés et de regarder leurs crimes avec une indulgence trop philosophique. En thèse générale, il n'est pas bon de montrer de la faiblesse à l'égard des malfaiteurs. La répulsion qu'ils doivent inspirer est peut-être de tous les moyens préventifs le plus efficace. Les pensées de pillage, de meurtre, d'incendie, ne se développent pas avec la même facilité au milieu de l'horreur générale. Il appartient surtout à la haute administration de ne pas affaiblir ce sentiment. Si, par excès d'humanité, elle en arrive presque à excuser le crime, le condamné ne tardera pas à se justifier à ses propres yeux ; il se regardera comme une victime, la société sera pour lui un bourreau. Dès lors rien ne lui coûtera pour se soustraire à l'oppression. Jamais la morale n'a été plus menacée qu'aujourd'hui par le sophisme ; jamais il n'a été plus nécessaire d'en revendiquer les droits sans hésitation, sans transaction. Le temps n'est plus aux controverses philosophiques, aux essais de systèmes et de prétendues réformes sociales ; il est à l'affirmation des principes sur lesquels a été fondée la société chrétienne, et ces principes comprennent l'horreur et le châtiment du crime.

La Révolte des Canaques[4]

L'insurrection des Canaques est une nouvelle preuve des difficultés à vaincre avant de faire de la possession du Pacifique une colonie paisible et productive. Pour rendre leur séjour possible avec les éléments dangereux qui forment le fond de la population de l'île, les français doivent se résigner à d'énormes sacrifices, et peut-être se résoudre, à l'exemple de l'Angleterre, mais non sans répugnance, à l'extermination d'une malheureuse race. L'étude qu'on va lire a pour objet de faire connaître les détails de cette révolte des Canaques, d'indiquer les mesures qui ont été prises par le gouvernement pour la combattre, de mettre en lumière les causes qui ont pu la motiver, et d'engager les personnes compétentes à chercher une solution aux problèmes multiples qu'elle a soulevés.

I

C'est le 12 juillet 1878, par un journal anglais, que l'on apprit à Paris la nouvelle de l'insurrection canaque. L'étonnement fut très pénible, d'autant plus pénible que les premiers détails de la révolte

---

[4] Par Edmond Plauchut, journaliste et aventurier.

nous étaient transmis par un télégramme étranger. La stupeur augmenta lorsqu'on sut que le drame néo-calédonien n'avait pas eu de prologue, et que nos compatriotes avaient été pris à l'improviste. Personne, hélas ! ne peut avoir oublié en France le rôle joué par « les surprises » dans nos récents désastres ; il était permis d'espérer qu'après un si grand nombre de cruelles leçons nous ne serions plus les victimes de notre imprévoyance !

Et pourtant qui songeait aux Canaques, il y a peu de jours encore, et à qui l'idée fût-elle venue que des indigènes seraient assez osés pour attaquer des postes de gendarmes et des établissements agricoles ? Tout le monde les croyait sinon satisfaits de notre occupation, du moins hors d'état de nuire. On se figurait volontiers que les plus indépendants d'entre eux, nus, farouches, le casse-tête à bec d'oiseau et la sagaie au poing, erraient dans les parties montagneuses de l'île, que les plus civilisés se vautraient ivres dans les ruisseaux de Nouméa. A Paris, dans les ministères, et à Nouméa, au palais du gouverneur, nul ne croyait à la possibilité d'un soulèvement. Il est intéressant de citer à ce sujet les propres paroles du gouverneur de la Nouvelle-Calédonie dans son dernier rapport au ministre de la marine :

« On vivait ici avec une insouciance incroyable, dans des habitations isolées, dans des postes ouverts de tous côtés, dont les abords n'étaient même pas découverts ; on regardait les Canaques comme de grands enfants, parfois boudeurs, mais toujours inoffensifs ; ils jouissaient d'une confiance, d'une intimité même vraiment étranges. Toute cette population de colons et de soldats, dispersée au milieu des bois, s'était endormie dans une sécurité complète : dur a été le réveil ! Tous, surpris dans une quiétude parfaite, ont été égorgés. »

La raison de cette « quiétude parfaite » doit être sans doute cherchée dans ce fait que depuis 1868 aucune révolte sérieuse ne s'était produite en Nouvelle-Calédonie, les plus turbulents guerriers des tribus ayant été tués dans la dernière guerre que nous leur fîmes, ou achetés par nous. Titema, l'un des chefs ennemis à conscience vénale, était même venu fixer sa résidence à Nouméa. Tout le monde a pu le voir, il y a peu d'années encore, coiffé d'un chapeau de général à long plumet, vêtu d'un habit brodé, les épaules surchargées de grosses épaulettes, buvant dans les débits de boissons du chef-lieu avec quiconque voulait se donner l'émotion de trinquer avec un cannibale.

Avant la pacification générale de l'île qui s'obtint en 1868, les soulèvements des Canaques furent très fréquents. En seize ans, soixante-douze blancs furent tués en détail et presque tous mangés. On voit combien la dernière insurrection est grave, puisque le chiffre des morts a dépassé en très peu de jours celui de deux cents.

En 1859, c'est-à-dire six ans après la prise de possession officielle de la Nouvelle-Calédonie, Nouméa n'était qu'un misérable camp ; il en serait de même aujourd'hui, si l'empire n'avait décidé de transporter hors de France les condamnés aux travaux forcés. Un vieux colon de Nouméa nous a raconté qu'il fallait y exercer continuellement une active surveillance, la ville n'étant alors qu'un assemblage de misérables huttes en bois, où s'abritaient les militaires et quelques pauvres immigrants. Ces constructions, recouvertes en paillottes, étaient agglomérées sur un petit espace, car il fallait toujours redouter les attaques des indigènes rôdant aux alentours. Le Canaque, rampant dans la jungle, approchait comme une bête fauve de la ville naissante, et la mort attendait quiconque s'en éloignait sans armes ; un seul coup de hache en pierre polie assommait l'imprudent. Si le cadavre n'avait pas été enlevé pour servir de régal aux guerriers, « seule nourriture des héros, » disent les Néo-Calédoniens, on le trouvait pendu à quelque branche d'arbre. Parfois, à l'heure du crépuscule, retentissait un coup de feu : c'était un Français qui tombait frappé d'une balle pendant qu'il bivouaquait auprès d'un bûcher en flammes. La nuit, les hautes herbes ou les palétuviers empêchaient de découvrir les traces de l'assassin. On sait que les Arabes ont pratiqué longtemps, contre nos soldats isolés, ce genre de guet-apens. L'audace des Canaques dépassait dans les premiers jours de la conquête tout ce qu'on peut s'imaginer. Pendant une nuit sombre, ils dévalisèrent une baraque où étaient amoncelés des approvisionnements considérables, et ce dépôt était cependant sous la garde de dix hommes. Une autre fois, cinquante indigènes se ruèrent sur quatorze soldats d'infanterie de marine, à 200 mètres de Nouméa. Pas un des nôtres ne fut tué, mais la lutte corps à corps fut terrible, et sans l'énergie vraiment surprenante qui soutint nos fantassins en ce moment suprême, tous eussent péri. En 1861, les indigènes de Kuamé massacrèrent douze colons en un seul jour ; le nom de la *Baie du massacre* est resté attaché à l'endroit où ces infortunés périrent. En 1864, l'équipage de la *Reine-des-Iles* fut entièrement anéanti en vue de la goélette de l'état, la *Fine*. En 1867, deux Néo-Calédoniens, aux ordres d'un fameux chef cannibale, du nom de Gondon, tranchèrent la tête au colon Tagnard, en plein jour, à quelques centaines de mètres d'un poste. A Puebo, le 6 novembre 1867, trois gendarmes, qui rentraient sans défiance à leur caserne, à neuf heures du soir, furent attaqués par des membres de la tribu de Gabarick ; ces militaires furent assassinés et leurs cadavres laissés sur place. Les indigènes de cette même tribu massacrèrent ensuite le colon Démenée et blessèrent Mme Démenée, ainsi que deux de ses fils. A cette occasion la guillotine fonctionna pour la première fois en Nouvelle-Calédonie : neuf têtes de

Canaques roulèrent, au grand ébahissement des tribus assemblées autour de l'échafaud, sur la plage de Puebo. Peu de temps après, six de nos soldats furent encore surpris par une centaine d'Ounonas, nos alliés pourtant, tués et mangés par eux. C'est à la suite de cette tuerie et de celle des passagers et de l'équipage du cotre français le *Secret* qu'il fut résolu d'exécuter une vigoureuse attaque contre les tribus ennemies. Voici, d'après le rapport militaire du gouverneur, un résumé de cette expédition :

« Pendant près de six heures, les troupes, divisées en trois colonnes, pour attaquer l'ennemi à l'est, à l'ouest et au midi, marchèrent dans un pays sillonné de ruisseaux marécageux, de collines escarpées aboutissant à des ravins, à des sentiers trop étroits pour y poser les pieds. Puis il fallut recommencer de nouvelles ascensions suivies bientôt de nouvelles descentes.

« Les villages des Canaques sont bâtis sur les cimes les plus élevées des montagnes ou situés au fond des précipices. Pour arriver à ces derniers, il faut accomplir des prodiges de gymnastique, se coucher sur le dos et pousser ainsi les pieds en avant. Pour s'élever aux premières, il faut ramper sur les pieds et sur les mains. Après avoir traversé la forêt où chacun tenait son voisin par la main pour ne pas se perdre, et où la marche était entravée par des excavations que l'on traversait les yeux fermés derrière des guides et sous une pluie torrentielle, nous arrivâmes à l'entrée d'une vallée.

Nous étions muets et harassés. — Il était cinq heures du matin. Là s'élevaient de magnifiques bouquets d'arbres que les guides nous montrèrent d'un air mystérieux et terrifié comme étant l'emplacement de la tribu ennemie. Nous descendîmes dans la vallée en traversant des plantations de cannes à sucre, de bananiers et de cocotiers. C'était en effet dans ce délicieux nid de verdure que se trouvait l'un des villages de nos féroces ennemis. Selon l'usage, il fut attaqué à la baïonnette ; les habitants furent assommés à la sortie de leurs huttes, dont l'ouverture est basse et étroite. Quelques Canaques défendirent vaillamment leur vie, d'autres prirent la fuite et formèrent une bande de véritables démons qui, dès le lendemain, dans un retour offensif, harcela nos troupes victorieuses. Ces dernières les tenaient à distance, mais parvenaient à peine à les troubler par le feu de leurs carabines. Nous n'avions vu dans le village qu'un horrible trophée, composé d'ossements provenant des victimes du cotre le Secret, et qui semblait avoir été placé à dessein pour attirer les regards. Au milieu d'une place, devant l'habitation d'un chef, une perche, longue de plusieurs mètres et plantée en terre, portait trois crânes sanglants auxquels adhéraient encore quelques lambeaux de chair. »

Cette sévère leçon, l'absorption, sans métaphore, du féroce Gondon par des cannibales comme lui, et la soumission du vaniteux Tetima, firent régner pendant dix ans le calme le plus absolu dans la colonie. Tout à coup, le 2 juillet de cette année, sans que l'on se doutât de rien, sans que l'on eût été prévenu par aucun indice, on apprenait avec stupeur à Nouméa que cinq gendarmes avaient été massacrés dans leur brigade aux environs d'Ourail, à vingt lieues à peu près du chef-lieu. Il y avait eu cependant des assassinats antérieurs à ceux du 2 juillet, et auxquels on avait eu le tort d'attacher trop peu d'importance. C'est ainsi que, dès le 19 juin, on avait été informé à Nouméa qu'un crime avait été commis, à Ouaméni, sur la propriété d'un M. Dezanaud, située sur la route de Bouloupari à Ourail. Les victimes étaient un nommé Chêne, gardien de la station, une femme indigène, qui habitait avec lui, et deux enfants. De l'examen des cadavres, il résultait que Chêne avait reçu un coup de hache en pierre qui lui avait fendu le crâne, et que la femme indigène avait été frappée à la tête au moyen d'un casse-tête, de ceux dits becs d'oiseau. Ce Chêne était un libéré qui avait pris avec lui, il y a plusieurs années, une femme indigène ; il en avait eu deux enfants. Fatigué de cette première femme, Chêne l'avait répudiée et était allé dans la tribu de Dogny en choisir une seconde. Malgré l'opposition des Canaques et les menaces qu'ils firent entendre, Chêne enleva la femme qui lui plaisait et l'entraîna chez lui. La tribu fut très justement irritée de ce rapt, qui n'eût été toléré, il faut bien le reconnaître, dans aucune colonie anglaise ; cette tribu était en outre, à ce que l'on suppose, très froissée de différentes mesures prises contre elle depuis deux ans environ au sujet de son cantonnement ; de là probablement la précipitation qu'elle a mise à se venger des blancs.

Il n'est donc pas téméraire d'affirmer que les meurtres commis sur Chêne, sa femme et ses deux enfants ont été le véritable prologue du drame qui devait commencer quelques jours après, drame dans lequel d'autres tribus que celle de Dogny étaient appelées à jouer un rôle. Malgré tout, cette impatience des guerriers de Dogny est heureuse, et nous devons nous féliciter de ce qu'elle se soit produite avant l'explosion d'un mouvement plus général.

Dans les guerres de tribu à tribu, les guerriers canaques, comme les héros d'Homère, se provoquent, et ce n'est qu'après de longs discours qu'ils en viennent aux mains. Dans leur soulèvement contre nous, ils ont cette fois agi différemment. En aucune circonstance, ils n'ont rien fait connaître de leurs ressentiments, mais ils ont commencé à se procurer des armes à feu par tous les moyens possibles, et déjà, dans les affaires d'assassinat commis sur les transportés au moyen d'armes à feu, jamais on n'avait pu retrouver celle dont le meurtrier s'était servi. On formait au sujet de ces disparitions toute sorte de conjectures, mais il n'était venu à l'esprit de personne que toutes ces armes étaient recueillies par les Canaques pour s'en servir contre nous un jour. Dès qu'ils eurent préparé un petit dépôt d'armes, ils formèrent un dépôt de vivres dans les montagnes, de façon à n'être pas surpris par la famine, comme ils le furent pendant la première guerre. Aussitôt qu'ils se sont vus armés et garantis de la disette, ils ont commencé leurs assassinats, fuyant toute rencontre sérieuse.

Comme nous l'avons dit, les premières victimes ont été celles de la station d'Ouaméni, le 2 juin. Les assassins, arrêtés par les gendarmes, furent conduits en prison. Mais, pendant la nuit du 2 juillet, les gendarmes furent surpris, assassinés, et les meurtriers de Chêne et de sa femme délivrés par les Canaques. Le lendemain, on apprenait qu'une autre brigade de gendarmes, plus rapprochée encore de Nouméa, avait été également « surprise » et menacée par des bandes de Canaques armés de fusils et de revolvers. Des télégrammes apportèrent bientôt la nouvelle que vingt et une victimes avaient succombé à la Foa : il y avait des colons, des condamnés, des libérés, des femmes indigènes, ainsi que des noirs des Nouvelles-Hébrides. Malgré ces sinistres présages, la population européenne de Nouméa ne s'émouvait pas ; elle croyait à un soulèvement partiel de piques tribus. Elle supposait que les Canaques, commandés par un chef altier du nom d'Ataï, avaient regagné les montagnes, aussitôt les tueries terminées, pour échapper aux troupes qui, dès le mardi, étaient parties sur la *Seudre* pour les châtier et protéger notre poste d'occupation de Téremba. Malheureusement, le mercredi soir la nouvelle se répandit à Nouméa que les massacres de la Foa s'étaient renouvelés à Boutoupari dans la vallée de la Ouaméni, c'est-à-dire sur les points les plus habités de la colonie. Le doute n'était plus possible : on se trouvait en présence d'une guerre d'extermination ; les colons, leurs femmes, leurs enfants, les condamnés, les Canaques même, employés dans les fermes, étaient frappés.

Voici comment procédaient les indigènes. Ils se présentaient par bandes de dix à quinze individus, s'approchaient d'une maison isolée et, sous prétexte de venir allumer leurs pipes ou de demander un objet quelconque, ils tombaient sur les gens sans défense et les tuaient soit d'un coup de revolver, soit d'un coup de casse-tête. Ceux des colons qui essayaient de se sauver tombaient dans les bandes qui parcouraient la campagne, et ces bandes les tuaient sans pitié. — La femme d'un nommé Porcheron était dans sa maison avec son enfant, son mari parcourait la ferme à la poursuite du bétail, ne se doutant nullement des dispositions hostiles des indigènes qui l'entouraient. Un de ses anciens domestiques canaques arrive et demande à manger ; on lui répond qu'il n'y a que du thé : on offre de lui en servir. Il dit oui tranquillement, et, tandis que Mme Porcheron prend la bouilloire pour lui en verser, le misérable l'étend à ses pieds d'un coup de hache. Une heure après, le mari revenant est tout étonné de voir son ancien domestique ramasser du linge qui était étendu pour sécher. Il suppose que c'est sa femme qui l'a chargé de ce soin ; mais à sa vue le Canaque s'enfuit, et en entrant dans sa maison il trouve Mme Porcheron par terre. M. Porcheron, à moitié fou, et sa femme, à moitié morte, ont fait 18 kilomètres à pied, l'un montant par moments à cheval pendant que l'autre marchait. Ils purent heureusement rejoindre un petit bateau qui fait toutes les semaines le trajet des postes entre Ouraïl et Nouméa, et arriver au chef-lieu. Dans un des postes peu éloignés de la ville, l'agent du télégraphe a été tué d'un coup de feu, sur son appareil, au moment où il annonçait à Nouméa ce qui se passait dans la contrée ; le chef du service télégraphique a été fort étonné de voir la dépêche interrompue au milieu d'une phrase. Un surveillant du nom de Lecas, chef du camp de la transportation de Bouloupari, aval sa femme, ses deux enfants et deux autres surveillants tués sous ses yeux. Armé de son sabre et de son revolver, il a pu blesser mortellement huit de ses assaillants sans sortir de sa maison. Les bandits ont alors mis le feu à l'habitation, et lorsque le malheureux surveillant a voulu sortir pour ne pas être brûlé, il a été étendu sur le sol d'un coup de casse-tête. Trouvé le lendemain encore vivant par les nôtres, on espère le sauver.

Nous ne continuerons pas le récit de ces sinistres agressions. Bornons-nous à dire que de tous côtés succombèrent les colons et leurs familles. Les cadavres des infortunées victimes n'étaient même pas respectés; les femmes subissaient un dernier outrage, puis ensuite étaient horriblement mutilées. Narrateur fidèle, nous ne pouvons passer sous silence qu'en deux circonstances les Canaques ont témoigné de la pitié. Une première fois, c'est un Néo-Calédonien, du nom de Charley, qui préserve de toute attaque un jeune homme, Henri Bull, respecté, aimé des indigènes, parce qu'il parle leur langage. La famille Artaud, composée de cinq personnes, a été sauvée par le seul fait de s'être trouvée réunie, par hasard, au protégé de Charley. A la Foa, un indigène a sauvé également la vie, à une femme canaque et à ses deux enfants.

Voici comment cette femme, du nom poétique de Camélia, a raconté le fait : « A la pointe du jour, au moment où les habitants de l'hôtel allaient prendre leur café, une vingtaine de Canaques se présentèrent devant moi armés de haches et de longs couteaux ensanglantés : ils venaient du poste de la Foa, où cinq gendarmes avaient succombé. MM. Miller et Rousset furent les premiers frappés. Mon tour arrivait, lorsque j'eus l'heureuse idée de leur demander d'épargner mes enfants. — Viens alors avec nous dans la broussaille ! me dit l'un d'eux. — Même injonction fut faite à une autre femme indigène de l'île de Lifou. Cette femme disparut aussitôt dans les bois. Quant à moi, je suivis les Canaques, mais en passant sur la route nous rencontrâmes deux surveillants qui firent feu : deux indigènes tombèrent morts ; alors je me suis sauvée avec mes enfants. »

Lorsque les nouvelles des massacres, grossies, exagérées par la terreur, arrivèrent successivement au chef-lieu, la population devint affolée. Elle perdit complètement la tête lorsqu'une fausse rumeur lui fit croire que des bandes d'insurgés débouchaient dans la vallée et se dirigeaient sur le chef-lieu pour y mettre le feu... Le danger était grand en effet, car la population de Nouméa se trouve mêlée à des éléments qui ne sont pas de première pureté. Il était malheureusement permis de supposer que les Canaques étaient conduits par des transportés évadés qui, ayant été reçus par les tribus, leur auraient enseigné la tactique d'attaque européenne. Ainsi, à peine arrivés dans un centre de plantation, la première chose qu'ils faisaient était de couper les fils du télégraphe pour empêcher les communications de se produire.

Les témoins oculaires de la révolte avaient également remarqué quelque chose d'étrange. Les femmes canaques avec leurs enfants, dans toutes les guerres de tribu à tribu, sont préalablement déposées en lieu sûr aux sommets des montagnes ; elles y gardent avec les vieillards les provisions de réserve en cas d'insuccès. A Bouloupari, comme si le triomphe sur les blancs était assuré, les femmes et les enfants portaient les armes des guerriers et transportaient triomphalement sur les hauteurs les objets pillés. Cette nouvelle manière de faire fit croire aux Européens que les Canaques avaient la certitude de pénétrer jusque dans les rues du chef-lieu. Alors, dans le cas où les rebelles arriveraient à proximité de Nouméa, les transportés, qui ont leurs camps aux alentours, n'auraient-ils pas la pensée de se ruer sur les magasins pour y mettre le feu ou les piller ? On craignait aussi un mouvement du côté des déportés, et l'on se disait à l'oreille qu'ils profiteraient des circonstances pour se saisir d'un bâtiment de commerce étranger en rade et s'évader... Puis il y avait encore les Canaques employés à la police de la ville ou comme domestiques chez divers habitants ; leur présence au chef-lieu était un sujet d'inquiétude.

Toutes ces appréhensions étaient autant de causes de démoralisation pour les Européens et surtout pour la partie féminine de la population. Il est vrai de dire qu'à chaque instant des hommes à cheval entraient à Nouméa à fond de train, portant ce qu'ils avaient de plus précieux attaché à leur selle, et paraissaient avoir l'ennemi à leurs trousses. Des chariots chargés de monde et d'effets arrivaient en toute hâte comme si la ville allait être investie. Le courrier de terre, qui fait trois fois par semaine le service de la poste entre Ourail et Nouméa, étant allé jusqu'à 12 kilomètres de la ville, était rentré plus mort que vif en disant que l'ennemi arrivait par groupes nombreux et qu'il n'avait pu passer la route. Les gens qui avaient des propriétés aux environs de la ville, et même des maisons dans les faubourgs, surgissaient de tous côtés et couraient se placer sous la protection des casernes. Les femmes des fonctionnaires et autres personnes de la ville, ne voulant entendre raison à aucun prix, se firent conduire en rade et demandèrent l'hospitalité aux navires de commerce mouillés dans le port. Un navire de Bordeaux, le *Peg-Berland*, a eu pendant deux jours quinze dames ou demoiselles réfugiées à son bord.

Grâce à la fermeté du gouverneur de la colonie, M. le capitaine de vaisseau L. Olry, grâce à l'entrain de nos officiers de terre et de mer, au sang-froid des directeurs de la déportation et de la transportation, la population devint moins nerveuse et moins effrayée. En premier lieu, on fît rentrer des travaux tous les forçats qui se trouvaient à l'île Nou. Les déportés n'eurent plus l'autorisation d'abandonner les limites de la déportation. Informés par les mouvements de la rade et la rumeur publique de ce qui se passait au dehors, ils demandèrent des armes et la liberté de courir sus aux Canaques. On comprend que le gouverneur dut s'y refuser. Ils parurent en éprouver un vif regret ; néanmoins ils promirent de se tenir tranquilles plus que jamais, et de ne donner aucun sujet de plainte pendant tout le temps que durerait la rébellion. Jusqu'ici les déportés ont tenu leur promesse. Cent trente Canaques, qui se trouvaient dans la ville et qui auraient pu, le cas échéant, faire cause commune avec les insurgés, causèrent un instant beaucoup de craintes ; ils furent envoyés sans bruit, un par un, à l'île Nou. Plusieurs de ces Canaques opposèrent une résistance qui fut bientôt réprimée. Il a été décidé que ces indigènes ne rentreraient en ville que lorsque l'insurrection serait étouffée, et que la police urbaine ne serait plus faite que par des indigènes des îles Loyalty.

La ville fut gardée en avant de la presqu'île, dans son plus grand étranglement, par M. le chef de bataillon Maussion de Candé, et trois compagnies disponibles. Pendant la nuit, ces compagnies étaient renforcées par les corps des volontaires formés au chef-lieu même. Les employés et les fonctionnaires, quelques libérés sur lesquels on pouvait compter, reçurent des armes et formèrent un peloton à part. Deux autres compagnies furent composées avec l'élément civil, qui avait demandé à garder la ville pendant que les troupes se rendraient sur les lieux où éclatait la révolte. Quarante citadins et *squatters*, habiles cavaliers, pourvus d'excellents chevaux, s'offrirent pour établir un service d'éclaireurs ou d'estafettes en cas de rupture des fils électriques. Leurs services furent acceptés avec un vif empressement. Leurs patrouilles, leur apparition soudaine au milieu des Canaques révoltés, ont fait merveille. MM. Boutan, Moriceau et de Sonneville commandent ces hardis volontaires.

Un instant, le bruit se répandit que les tribus du Mont-d'Or s'étaient révoltées ; on parla aussi du soulèvement des guerriers de Houaïlou et de Ponnérichouen, de l'assassinat commis dans ces territoires sur un M. Schmidt. Heureusement ces rumeurs furent reconnues fausses, à l'exception de l'assassinat ; mais ce crime tenait à des causes étrangères à un soulèvement général. Avant d'arrêter ces dispositions, qui s'appliquaient à la défense de Nouméa, le gouverneur avait pris pour l'extérieur d'autres mesures rapidement exécutées. Dès le 25, jour même des premiers massacres de la Foa, la *Seudre* partait avec cent hommes d'infanterie de marine placés sous le commandement de M. le colonel Gally-Passebosc. Cet officier avait ordre de prendre la direction des opérations dans l'arrondissement d'Ourail, mis en état de siège. Pendant ce temps, la *Vire*, commandée par M. le capitaine de frégate Rivière, trouvait à Uaraï un télégramme lui donnant l'ordre de prendre le commandement du poste de Térembo, qui, cerné par les Canaques, se trouvait dans une situation difficile. Le commandant Rivière fit descendre à terre sa compagnie de débarquement, et les Canaques, à sa vue, détalèrent. Les camps de condamnés, situés entre Bouloupari et Païta, reçurent l'ordre de se replier sur ce dernier point ; des troupes d'infanterie occupèrent le poste de la Dumbéa ; la canonnière le *Perrier*, expédiée dans la baie Gadji, détacha vingt hommes qui occupèrent Païta. Ce n'est pas tout. Le *Beautemps-Beaupré* partait avec une compagnie pour renforcer les petits postes de la côte est. De son côté, la *Seudre*, déjà revenue de Uaraï, se remettait en route ayant à son bord la compagnie de débarquement du *Tage* ; le commandant de la *Seudre* la laissait à Tomo, allait mouiller à Bouraké, et envoyait de là un détachement occuper Bouloupari. Le commandement des deux postes de Tomo et de Bouloupari était donné au capitaine de frégate don, et l'arrondissement de Bouloupari mis en état de siège.

Au moment où une agitation inquiétante se manifestait dans les tribus non encore soulevées, le gouverneur reçut du chef de l'arrondissement de Canala, M. le lieutenant de vaisseau Servan, une dépêche consolante. M. Servan offrait de se mettre à la tête des tribus de Gelima et de Caké, de franchir la chaîne centrale et de venir tomber sur les insurgés d'Uaraï. Le colonel Gally-Passebosc était alors à Fouwari ; le gouverneur accepta l'offre de M. Servan, et le lendemain la jonction de ce dernier avec M. Passebosc s'opérait. L'acte de courage de M. Servan mérite d'être signalé. Il s'est trouvé seul pendant vingt-quatre heures à la tête de deux cents guerriers canaques. En agissant ainsi, cet officier a enlevé les indigènes de Canala à des excitations dangereuses ; il nous a procuré des auxiliaires qui nous ont déjà rendu de grands services : il a fait mieux encore, il les a compromis en leur ordonnant de brûler des villages et de combattre. L'un des chefs de ces tribus amies a même été blessé dans une rencontre, avec les tribus que commande Ataï. Le *Beautemps-Beaupré*, après avoir déposé cinquante hommes à Canala et cinquante à Uaïlu, se rendit aux bouches du Diahot, où il mit à terre sa compagnie de débarquement.

Le 30 juin, tous ces mouvements étaient exécutés ; la situation s'améliorait déjà, et les appréhensions se calmèrent beaucoup lorsqu'on apprit que les tribus voisines de la Païta, de la Dumbéa et de Saint-Louis, loin de s'insurger contre nous comme on le craignait, faisaient acte de soumission. Bourail, un instant menacé, vit, après le débarquement des troupes à Uaïlu, disparaître les Néo-Calédoniens qui s'étaient montrés menaçants sur les crêtes des montagnes. Par suite de cette soumission presque inespérée et grâce à l'envoi de forces sur les points menacés, l'insurrection, à la date du 1er juillet, se trouvait circonscrite dans les territoires d'Uaraï et de Bouloupari.

Le 3 juillet, quelques instants après que la *Vire* eut jeté l'ancre en rade de Nouméa, une sinistre nouvelle se répandit dans la ville : on venait d'y apprendre que le commandant militaire, M. le colonel Passebosc, était mort le matin de ce jour, à Ourail, des suites de blessures reçues la veille.

A environ 2 kilomètres de la Foa et sur l'ancienne route d'Ourail à Bouloupari, il se trouve des mamelons boisés connus des Européens sous le nom de *Montagnes-Rouges* ; la route qui traverse ces dangereux fourrés est favorable aux embuscades : elle ressemble à une allée bordée de jungles impénétrables. Non loin de là se trouvent les villages qui reconnaissent pour chef le rebelle Naïna. Bien que la ligne télégraphique fût déjà rétablie, elle avait été de nouveau coupée dans la nuit. On fit halte pour la réparer et pour assurer la sécurité de l'opération ; le colonel Passebosc envoya en éclaireur un libéré et quelques Canaques qui se trouvaient dans son escorte. Mais les éclaireurs revinrent en disant que des groupes de Canaques étaient en armes au bas de la crête. M. Gally-Passebosc commit l'imprudence d'aller s'assurer par lui-même du fait ; au moment où il se disposait à faire monter son cheval sur un mamelon, deux coups de feu retentirent sur la droite de la route. — Bien touché ! cria le colonel, et il s'affaissa, la cuisse droite et le ventre troués de part en part de deux balles, l'une provenant d'un chassepot volé aux gendarmes assassinés, et l'autre d'un fusil à âme lisse.

M. Gally-Passebosc était un de nos meilleurs officiers, et sa mort laisse dans l'armée coloniale un vide difficile à combler. Il avait échappé à toutes les maladies de nos possessions malsaines, ainsi qu'aux guerres qui, depuis vingt ans, se sont succédé meurtrières et nombreuses. Il aimait les Canaques, leur faisait presque toujours l'aumône, et s'exerçait souvent avec les guerriers en renom des tribus voisines à lancer la sagaie. Sa mort a été, dans les circonstances où elle s'est présentée, un véritable malheur public.

M. le lieutenant-colonel Wendling, appelé par son grade à prendre la direction des opérations, était le 30 juillet à Bouloupari avec de l'infanterie et un peu d'artillerie. Son rôle est tout tracé : poursuivre sans repos les bandes des Canaques rebelles, les affamer et les anéantir. En raison de la nature du sol, de la guerre de sauvages qui nous est faite, la pacification sera longue et laborieuse. Le gouvernement l'a compris, et voici les dispositions qu'il a prises :

Le 18 juillet, — c'est-à-dire six jours après que l'insurrection canaque fut connue à Paris, deux compagnies d'infanterie de marine partaient de Saïgon sur le transport la *Rance*, qui ne pouvait en prendre davantage, pour Nouméa. Elles y arrivaient, le 19 août, après trente-deux jours de navigation. Les 17 et 20 juillet, trois cent quatre-vingts hommes de toutes armes quittaient la France sur la *Loire* et la *Dives* pour la même direction. Ces bâtiments devaient en outre apporter à la garnison coloniale, par le seul fait de leur arrivée, le concours de leurs équipages qui s'élèvent à cinq cents hommes. Il faut cent jours de France en Nouvelle-Calédonie ; la *Loire* et la *Dives*, selon toute probabilité, auront mouillé leurs ancres en rade de Nouméa le 31 octobre dernier. Mais ce n'est pas tout : le gouvernement a envoyé l'ordre à la *Rance*, de retour en Cochinchine, de conduire à

Nouméa deux nouvelles compagnies d'infanterie de marine. Dès le 16, la *Rance* appareillait. En résumé, au 31 octobre la garnison de la Nouvelle-Calédonie s'est trouvée portée à trois mille six cent soixante-trois hommes de troupes ; quand tous les renforts en partance seront parvenus à destination, elle sera plus que doublée.

L'entretien de cette petite armée pèsera d'un poids énorme sur le budget de la marine, et de longtemps on ne pourra songer à en alléger le fardeau. Nous sommes même d'avis, en raison des difficultés que nous allons signaler, que l'entretien d'une force considérable sera de plus en plus nécessaire.

II

Au commencement de cette année, la population de la Nouvelle-Calédonie était évaluée à 96894 habitants. Cette population se divisait ainsi : indigènes, 70000 ; — employés des diverses administrations, officiers et militaires des différents corps de troupes, surveillants, employés de l'administration pénitentiaire, 3836 ; — population civile, 2752 ; — condamnés à la déportation simple ou dans une enceinte fortifiée, 3866 ; — forçats et transportés, 5993 ; — libérés et bannis astreints à la résidence, 1281. — Total général des Européens, 16894. — En joignant aux 70000 Canaques les forçats, les libérés et les déportés, on voit que 6588 personnes, fonctionnaires, militaires et colons, se trouvaient en présence d'une population, sinon tout à fait hostile, du moins peu bienveillante, de 81140 individus.

On peut juger par cela de la situation critique dans laquelle se trouvait le gouvernement colonial au moment de la révolte des 2 et 3 juillet. Tout était perdu, si les transportés, faisant irruption dans les villes, eussent uni un seul instant leur cause à celle des Canaques. Heureusement, ce désastre n'a pu se produire : une active et sévère surveillance exercée sur nos pénitenciers nous en préservera toujours. Quant aux Canaques, cinq cents hommes bien armés suffiraient à les contenir, si les forçats libérés, dont le nombre va toujours en augmentant, n'exigeaient une grande surveillance et n'enlevaient aux malheureux indigènes leurs places au soleil, leurs terres, et jusqu'aux hideuses *popinées*, leurs femmes. Pourquoi la conquête plus vaste de la Cochinchine et autrement peuplée que la Nouvelle-Calédonie ne nous cause-t-elle aucune inquiétude ? Pourquoi une poignée de soldats d'infanterie de marine suffit-elle et suffira-t-elle toujours à sa pacification ? Parce qu'en Cochinchine il n'y a ni libérés ni absence de femmes.

Lorsque la révolte des Canaques a été connue à Paris, plusieurs personnes ont manifesté la crainte que la sécurité dont on jouit à Saigon ne cachât, comme en Nouvelle-Calédonie, de sinistres surprises, des révoltes, l'assassinat des colons, le pillage et l'incendie des plantations. Heureusement tout porte à croire qu'une révolte semblable à celle de Nouméa ne s'y produira pas. Il n'y a en effet aucune comparaison à établir entre les deux colonies.

En raison des conditions climatologiques qui sont détestables, on ne constate la présence dans notre possession de l'extrême Orient que d'un nombre excessivement restreint de colons français. Ceux qui s'y trouvent ne sont pas tenus d'y résider jusqu'à la mort, comme des bannis, et s'ils font fortune, il leur est du moins permis de venir un jour en France. Les seuls colons sérieux qu'on y connaisse sont les colons chinois, et ceux-ci, en cas d'insurrection des Annamites, deviendraient forcément nos ardents auxiliaires, car c'est grâce à la protection que nous leur accordons qu'ils acquièrent de la considération et des richesses.

Nous avons très peu dépouillé nos sujets asiatiques de leur territoire, il y en a à donner gratuitement à qui en désire, et à Saigon pas un Européen ne songe à solliciter du gouvernement des terres et des concessions de mines comme en Nouvelle-Calédonie. Les demandes des concessionnaires sont si nombreuses dans cette dernière possession qu'elles sont bien près de devenir abusives. Elles s'étendent sur les territoires des tribus canaques sans la moindre circonspection, absolument comme le libéré Chêne, qui a payé de la vie ses caprices amoureux, répudiait ou choisissait sans gêne ses femmes. Sur presque toute l'étendue de notre conquête asiatique, l'Annamite vit en continuel contact avec des employés français et les soldats de quelque poste détaché. Il ne voit pas en eux les futurs possesseurs de ses rizières ou de ses forêts. Il nomme son maire à l'élection ainsi que les autres autorités municipales de sa congrégation, nom par lequel dans ces régions on désigne les communes. Le caractère de l'Annamite est doux, sociable, facile à contenter ; il ne vit pas, comme le Néo-Calédonien, dans des montagnes aux pitons élevés, mais en plaine, au milieu de ces immenses champs de riz, qui font de la Cochinchine française le grenier de l'extrême Orient. Sous la paternelle juridiction de nos lois, il en est arrivé, sinon à nous aimer d'un amour tendre, du moins à se trouver heureux de notre justice, content de n'être plus soumis aux caprices des mandarins, ainsi qu'à ceux d'un tyran couronné qui d'un geste pouvait faire tomber sa tête. Les femmes annamites sont aussi nombreuses que les hommes ; elles ne sont pas recherchées à outrance, ainsi que cela se voit dans les contrées où les femmes sont rares. On n'a jamais vu un Annamite venir se plaindre au gouverneur qu'un Français lui ait enlevé sa femme, une de ses filles, une de ses sœurs. A court d'argent, à la suite d'une perte au jeu, il serait enchanté qu'un de nos compatriotes voulût bien acheter l'une d'elles. Chacun sait que les femmes blanches manquent en Nouvelle-Calédonie. Les colons et les libérés, qui ne peuvent à aucun prix s'y procurer une compagne de leur race, se laissent tenter par les charmes des beautés canaques. De leur côté, les popinées, ainsi que celles des Nouvelles-Hébrides, non voisines, ne sont jamais insensibles aux offres qui leur sont faites par des blancs. En faisant briller aux yeux de ces créatures des miroirs et des bijoux, le forçat libéré, malgré sa rudesse et son aspect peu engageant, est sûr de les conquérir. Ces regrettables séductions sont certainement une des causes de la colère des guerriers néo-calédoniens et l'un des motifs qui, dans l'avenir, les pousseront à tuer les ravisseurs de leurs Hélènes. Cet attachement, cette jalousie qu'ils ont de leurs femmes, sont ordinaires dans les archipels du Pacifique. Un capitaine espagnol, en expédition sur une des îles de l'archipel des Soulou, voulant s'emparer des chefs d'un village révolté, mit la main sur toutes les femmes qu'il trouva. Les guerriers, qui avaient pris la fuite, vinrent dès le lendemain se constituer prisonniers.

Il est une autre cause tout aussi sérieuse que celle de l'enlèvement des popinées qui doit forcément nous attirer l'inimitié des Canaques. Pour donner des terres aux colons et aux libérés, il a fallu déposséder les tribus, les faire reculer devant nous et tracer des limites nouvelles à leurs villages, à leurs plantations. De là une irritation naturelle chez ces peuplades, une haine farouche qui grandira fatalement au fur et à mesure que le nombre des Européens en résidence augmentera.

En raison des dix ans de quiétude dont on a joui, à Nouméa, il est permis de croire que les Canaques ne se fussent par soulevés si nous nous étions contentés, sans idée de l'augmenter jamais, d'une étendue quelconque de leur île. Mais en voyant le flot monter, c'est-à-dire le nombre des colons s'accroître journellement, ils ont appréhendé de se voir entièrement dépossédés. Qui oserait prétendre que leurs craintes ne sont pas fondées ? A bout de patience, ces malheureux indigènes ont alors commencé une lutte qui doit finir par leur extermination ou par l'abandon de notre colonie, chose absolument impossible aujourd'hui.

Le Canaque, qui n'est déjà plus cannibale depuis que nous lui avons inspiré l'horreur de la chair humaine, est-il tellement vil qu'on puisse l'écraser sans pitié ? Son extermination, que nous avons représentée comme inévitable, peut-elle être évitée ? Problèmes graves et que notre désir serait de voir résoudre avec humanité. Parlons sincèrement. Les Néo-Calédoniens, aujourd'hui comme il y a dix ans, combattent pour leurs foyers et leur indépendance. Leur faute et leur crime est de nous avoir fait une guerre de sauvages, d'avoir pratiqué l'assassinat et les lâches surprises, d'avoir égorgé des femmes et des enfants. Moins heureux que certains conquérants modernes qui n'ont point usé d'autres moyens pour atteindre au triomphe, les Canaques paieront de milliers d'existences chaque vie européenne qu'une de leurs haches en serpentine aura supprimée. La loi biblique était moins exigeante : œil pour œil, dent pour dent. Ces hommes, que l'on nous représente comme au-dessous de la brute, se sont montrés pourtant, nous l'avons dit, sensibles aux prières d'une femme de leur race. Elle leur demanda la vie, non pour elle, mais pour ses enfants ; ils firent grâce à la mère et à ses petits. Il a suffi qu'un jeune Européen parlât la langue des Canaques pour qu'un indigène étendît sur lui sa protection ainsi que sur une famille composée de quatre personnes avec laquelle se trouvait le jeune Européen. Il y a parmi eux des caractères vraiment nobles, et le chef actuel des révoltés, Ataï, est une de ces natures d'élite. L'or ou le fer n'ont pu séduire ni dompter ce fier indigène. Depuis que des Français vivent sous son ciel, fécondent les terres de sa patrie et en exploitent les mines, il n'a jamais voulu rien changer à ses habitudes, à ses exigences, et c'est toujours en protestant qu'il s'est incliné devant nous.

Un jour, le gouverneur, M. de Pritzbuer, était à Ourail ; il fit venir devant lui Ataï, dont il avait beaucoup à se plaindre au point de vue de la soumission. Le chef se présente avec son arrogance et son attitude ordinaires ; il avait pour tout vêtement une casquette...

— M. le chef d'arrondissement se plaint de vous, Ataï, lui dit le gouverneur. Je vous engage fort à changer, ou je serais contraint de vous punir sévèrement... Lorsque le gouverneur vous parle, ajouta M. de Pritzbuer, vous devez vous découvrir.

— Quand toi quitter ta casquette, réplique Ataï, moi ôter la mienne !

Nous ne savons ce que fit M. de Pritzbuer, mais intérieurement il a dû avoir de l'estime pour l'indigène qui osait lui faire cette fière réponse.

Ce plaidoyer en faveur des Canaques serait incomplet, si nous ne rappelions au souvenir de nos lecteurs la conduite amicale des tribus de Galima et de Caké qui, guidées par l'intrépide M. Servan, vinrent jusqu'à Ourail combattre nos ennemis, et cela au moment où l'on craignait que la défection ne devînt générale.

Quelle que soit notre incompétence à trancher la grave question de vie ou de mort qui pèse en ce moment sur les indigènes de la Nouvelle-Calédonie, nous croyons qu'il est encore possible de concilier les exigences de la colonisation avec des idées de pardon. Après avoir fait une guerre inexorable aux tribus rebelles, purgé de leur présence les territoires qu'elles occupaient, il nous faut accepter l'alliance de celles qui nous sont restées fidèles, sans nous départir toutefois à leur égard d'une défiance qui nous mette à l'abri des surprises.

S'il y a, comme on doit le prévoir et l'espérer, accroissement de libérés et de colons, il faut, et dès aujourd'hui, nous préparer à une occupation qui ne peut offusquer aucune puissance. Il faut, en un mot, nous emparer de l'archipel des Nouvelles-Hébrides et jeter là l'excédant libre de nos pénitenciers. La sécurité de la Nouvelle-Calédonie, son avenir, commandent cette acquisition. Nous croyons savoir qu'on y a déjà songé au ministère de la marine depuis plusieurs années ; M. le contre-amiral Bergasse du Petit-Thouars qui fait route en ce moment vers l'Océan austral, est partisan de ce projet. Pourquoi ne chargerait-on pas cet éminent officier de prendre possession des Nouvelles-Hébrides ? Il n'est que temps, et les circonstances pour cette occupation nous semblent tout à fait favorables.

Procurer aux condamnés libérés de nouvelles terres à exploiter et des facilités d'établissement n'est malheureusement pas ce qu'il y a de plus difficile à accomplir en Nouvelle-Calédonie. Il faut pouvoir leur fournir des femmes, et des femmes européennes, amant que possible, puisque les insulaires ne sont pas assez civilisés pour se laisser dépouiller des leurs. Et, à ce sujet, il est probable que le gouvernement colonial prendra des mesures sévères pour que le rapt des popinées par des forçats libérés ne se reproduise plus.

C'est au ministère de l'intérieur, au personnel féminin des prisons, que le ministère de la marine doit, selon nous, s'adresser pour faire cesser en Nouvelle-Calédonie une inégalité de sexe aussi dangereuse qu'immorale.

La réclusion des femmes changée en transportation sur une large échelle, comme cela s'est pratiqué déjà pour la Guyane française, nous paraît être un bienfait autant pour le colon astreint à la résidence que pour les infortunées qui subissent dans nos maisons centrales de correction une peine longue, flétrissante et sans résultat. Au lieu d'un travail et d'une incarcération qui châtient les corps et les âmes sans les régénérer, nous voudrions voir les clientes de nos prisons dans une vallée de la Nouvelle-Calédonie, appliquées à faire le bonheur des libérés, des anciens condamnés dont la direction de la transportation aurait remarqué le bon vouloir, le repentir et la bonne conduite. Ce que nous demandons est peut-être le rêve d'un utopiste. Nous n'en persistons pas moins à croire que la vie de famille, la vue des enfants, la culture de la terre, l'élevage des troupeaux comme en Australie, inclineraient vers le bien des natures qui, comme toutes les natures humaines, ne peuvent être absolument rebelles à un retour vers la vertu.

Lorsque les Anglais eurent perdu leurs colonies de l'Amérique du Nord et avec elles les colonies pénitentiaires de la Virginie, sir John Banks, qui avait accompagné le capitaine Cook dans un deuxième voyage autour du monde, indiqua à son gouvernement l'Australie comme une terre excellente pour la déportation. Le lieu ne pouvait être en effet mieux choisi : un continent presque aussi grand que l'Europe et offrant toute sécurité contre les évasions.

Dès que la proposition de sir John Banks fut adoptée et mise en pratique, on vit la population se diviser en Australie, comme cela se produit déjà à Nouméa, en deux classes ennemies et bien distinctes : celle des immigrants volontaires et celle des libérés. Par la suite, beaucoup de ces derniers prirent la qualification « d'émancipés purs, » parce que du jour où ils furent mis en liberté, ils ne reçurent des magistrats aucune réprimande. Pourquoi les libérés français dont je parlais plus haut ne voudraient-ils pas eux aussi conquérir ce titre de « purs ? » Nous ne voyons à cela rien d'impossible.

Quant à la séparation en deux classes distinctes de la population, elle est très à regretter, le peu d'étendue du territoire ne permettant pas aux deux castes rivales de s'y mouvoir à l'aise. En nous emparant des Nouvelles-Hébrides avec lesquelles nos relations sont déjà journalières, ces rivalités disparaîtraient, et nous pourrions offrir aux colons de toutes les catégories des espaces sans limites à défricher.

www.ingramcontent.com/pod-product-compliance
Lightning Source LLC
Chambersburg PA
CBHW022305060426
42446CB00007BA/603